KB214335

당신을 향한 예수님의 사랑

(개정판)

복음 소책자 1
(핵심복음 제자훈련 기본교재)

당신을 향한 예수님의 사랑 (개정판)

초판 1쇄 발행 2018년 10월 15일
개정판 인쇄 2024년 3월 25일
개정판 발행 2024년 3월 30일

지 은 이 | 김완섭
펴 낸 이 | 오복희

펴 낸 곳 | 개혁과회복
등록번호 | 제2018-000044호
등록일자 | 2018년 4월 12일
주　　소 | 서울특별시 송파구 마천로 100 C동 402호(오금동)
편 집 부 | 010-6214-1361
관 리 부 | 010-8339-1192
팩　　스 | 02-3402-1112
이 메 일 | whdkfk9312@naver.com
디 자 인 | 참디자인

ISBN 979-11-89787-49-3 (03230)

* 한 권 값 12,000원

* 잘못된 책은 교환하여 드립니다.

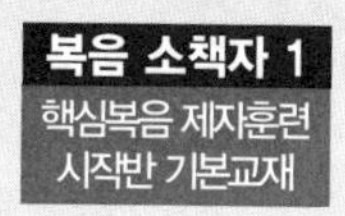

참된 길, 구원의 길, 행복의 길

1

개정판

당신을 향한
예수님의 사랑

김완섭 지음

도서출판
개혁과회복

Preface

머리말

구원을 설명할 수 있는 관점에는 세 가지가 있습니다. 직선적인 구원과 평면적인 구원, 그리고 입체적인 구원입니다. 직선적인 구원은 단지 자신이 구원을 받았는지 아닌지를 따지는 것이고, 평면적인 구원은 자기 자신의 관점, 곧 자기중심적인 차원에서만 구원을 받아들이는 것이며, 입체적인 구원은 자신의 구원을 자신의 관점에서뿐만 아니라 하나님의 시각, 이웃의 시각, 세상에서의 시각과 함께 다각도도 인식하는 것을 말합니다. 물론 구원은 최종적으로는 삶으로서의 구원에까지 나가야 비로소 온전한 구원에 이를 수 있습니다. 다만 구원이 삶으로까지 펼쳐지도록 만들기 위해서는 입체적인 구원관이 필요한 것입니다.

이 책은 기독교의 기본적인 진리를 담고 있습니다. 기

독교 구원의 원리와 개념, 구체적인 구원의 방식, 다각도로 살펴보는 구원의 흐름, 그리고 예수님과 하나님의 사랑 이야기, 예수님과의 관계에 대한 이야기, 구원받은 사람들의 모임인 교회에 대한 이야기를 소개했습니다. 되도록 머리로 이해되는 구원이 아니라 가슴으로 받아들여지는 구원에 대해서 입체적으로 설명하려고 노력했습니다. 그것은 결국 관계로 발전하게 될 것입니다. 그렇게 되어야 비로소 삶으로서의 구원이 시작될 것입니다.

이 책은 2018년에 출간된 복음소책자 1권 『당신을 향한 예수님의 사랑』의 개정판입니다. 초판에서 아쉬웠던 부분들을 대폭 보완하여 비로소 온전한 하나의 책이 되었습니다. 초판은 원래 전도용으로 출판한 책이었기 때문에 제자훈련용으로 사용하기에는 조금 부족한 부분이 있었습니다. 그래서 이 책의 훈련교재인 핵심복음제자훈련 1권 『구원의 핵심』의 기본교재로 사용하기에 충분한 내용으로 다시 만든 것입니다.

이 책으로 이제 교회에 다니기 시작한 지 얼마 되지 않는 새신자들에게 훈련이 이루어지면 좋겠습니다. 사실 교회에서 체계적으로 가르쳐야 할 내용들이 많이 있지만 사회의 복잡성과 인식의 부족으로 말미암아 그렇게 꾸준한 기회를 제공하지 못하는 것이 실상입니다. 그럴 때 예수님과의 만남을 위한 최소한의 충실한 안내자가 필요합니다. 그때 이 책이 상당히 유용하리라고 생각합니다.

그리고 교회에 다닌 지는 꽤 되었지만 제자훈련이나 기초교육을 거의 받지 못한 채 예배만 드려오던 수많은 성도들이 있습니다. 물론 단편적으로 듣고 배운 지식이 쌓여 신앙을 형성했지만 어쩌면 가장 기본적이고 핵심적인 교리를 알지 못한 채 신앙생활을 할 수도 있습니다. 그런 분들께 이 책이 큰 도움이 되리라고 생각합니다.

본 복음소책자 시리즈는 가장 튼튼한 복음의 기초공사를 해준다는 마음으로 최선을 다해 집필했습니다. 지식이나 가르침 위주가 아니라 자연스럽게 하나님과의 관계를 깨닫고 흔들리지 않는 신앙의 기초가 되도록 기획했기 때문에 일반적인 기초훈련교재들과 다소 다른 점이 있을 것입니다. 그러나 그것은 오히려 큰 장점이 될 것이며 믿음을 더욱 공고하게 만들 수 있게 될 것입니다. 그래서 이 책은 기초훈련이 아니라 기본훈련인 것입니다.

이 책은 소책자로 되어 있어서 가지고 다니면서 쉽게 읽을 수 있도록 만들어졌지만, 분명한 결과를 얻으려면 반드시 핵심복음제자훈련 교재와 함께 교회 훈련 프로그램으로 진행할 것을 권면해 드립니다. 핵심복음제자훈련 교재를 사용할 때 많은 사람들이 성도들에게 그 교재를 나누어주고 본교재인 이 책은 지도자가 훈련을 준비하는 목적으로만 사용하려는 경향이 강합니다. 지금까지 모든 제자훈련이 그래 왔으니까요. 그러나 조금이라도 제자훈련의 효과를 높이고 훈련다운 훈련을 만듦으로써 성도가 실질적으로 변화하게 만들기 위해서 새로운 훈련 방식을 제시하게 되었는데, 그것을 '스스로훈련'이라고 부릅니다.

우선 성도(피훈련자)는 기본교재인 『복음소책자』와 훈련교재인 『핵심복음제자훈련』 두 가지를 모두 가지고 시작합니다. 먼저 복음소책자의 해당부분을 읽고 이해한 다음에 핵심복음제자훈련 교재를 펴고 복음소책자 내용을 중심으로 모범답안을 써넣습니다. 혹시 궁금한 점이나 하고 싶은 이야기를 메모해 둡니다. 그래서 '스스로훈련'이라고 하는 것입니다. 예습이 아니라 그것이 본훈련입니다. 그렇게 준비하고 모임시간에 가서 함께 훈련을 진행하는 것입니다. 피훈련자는 이미 본문을 통하여 그 내용을 다 파악하고 와서 함께 훈련받는 것이기 때문에 더 깊이 의식 속에 들어갈 수 있게 되는 것입니다.

이때 인도자는 더 많은 준비를 해야 하는데, 이 책의 의도대로 깊이 준비하기가 쉽지는 않을 것입니다. 그래서 이번에 『핵심복음제자훈련 인도자지침서』를 함께 출판하게 된 것입니다. 이리하여 핵심복음제자훈련은 '기본교재'인 『복음소책자』와 '훈련교재'인 『핵심복음제자훈련』, 그리고 '전문교재'인 『핵심복음제자훈련 인도자지침서』의 3가지로 구성하게 된 것입니다.

이렇게 '스스로훈련' 방식으로 진행할 때에는 피훈련자 자신의 신앙의식이 말씀에 깊이 뿌리박혀 흔들리지 않는 신앙생활을 할 수 있게 되는 것과 함께 또 다른 효과를 가져 오게 되는데, 그것은 이렇게 훈련받은 피훈련자는 훈련을 마치고 나서 다른 성도들을 똑같은 방식으로 훈련할 수 있게 된다는 것입니다. 교재가 튼튼하기 때문에 그것이 가능한 것입니다. 거기까지 진행되면 복음에 뿌리박혀 있던 신앙의식은 더욱 변치 않는 믿음으로 성장함으로써 그리스도인다운 삶을 사는 제자, 제자를 훈련하는 제자가 되는 것입니다.

정말 교회가 나아가야 할 핵심을 깨닫고 본질을 되살리기 위해서 예수님께서 행하셨던 원리를 찾으려고 노력하였고, 어떻게 하면 제자를 훈련하는 제자들로 삼을 수 있는가에 대한 해답을 얻은 셈입니다. 예수님은 물론 제자들을 가르치셨지만 그냥 가르치기만 하신 것이 아니라 삶으로 보여주셨고 제자들로 하여금 끊임없이 반복하여 말씀을 들을 수 있도록 해 주셨습니다. 말하자면 제자들의 의식을 바꾸어 주셨던 것입니다. 물론 그 의식은 성령 강림 이후에 완전해졌지만 기본 원리는 의식의 변화였던 것입니다. 지금은 성령님께서 우리와 항상 동행하고 계십니다. 뜻만 세우면 모든 것이 가능하게 될 것입니다.

이 책을 사용하여 훈련하는 모든 교회들과 목회자들과 성도들에게 성령님의 강한 능력이 함께 하실 줄 믿습니다. 세상에서의 성공을 가르치지 말고 자기를 비우고 승리하는 훈련을 행하시기 바랍니다.

Contents
차례

1
당신은 누구입니까?

우리가 기억하지 못하는 우리의 모습이 있습니다.
아버지의 아버지, 아버지의 또 아버지도 모릅니다.
누구도 기억하지 못하지만
우리의 유전자 속에는 본래 모습이 숨겨 있습니다.
그것은 천지창조 때의 원래의 인간입니다.
그것이 나 자신의 원천이어야 합니다.
나 자신을 제대로 알지 못하면
우리는 창조주 하나님도 제대로 알 수 없습니다.
가장 아름다운 상태의 우리의 모습과
지금 현재의 우리의 죄인 된 진짜 모습과
우리가 회복해야 할 영광의 모습을 알아야
우리는 가장 복된 상태를 누리게 될 것입니다.

1) 하나님의 지으심을 받은 사람

우리가 누구인가를 알려면 우리의 근원을 알아야 합니다. 인간이 어디로부터 와서 어떤 삶을 살다가 어디로 가는 존재인가를 명확하게 인식할 수 있다면 자신의 가치와 삶의 의미를 어디에서 찾아야 하는지에 대한 해답을 얻을 수 있을 것입니다. 가장 중요한 것은 인간은 누군가에게서 지음을 받는 존재라는 사실입니다. 다행스럽게도 그리스도인들은 모든 인간이 창조주 여호와 하나님에 의해 지음 받은 존재들이라는 사실을 깨달아 알고 있습니다. 그렇다면 하나님은 사람을 어떤 존재로 만드셨을까요?

하나님은 사람을 완전한 존재로 만드시고 주실 수 있는 모든 복을 다 주셨습니다. 당연한 일이 아니겠습니까? 하나님은 인간을 최상의 존재로 만드신 것입니다. 최상의 존재란 하나님을 닮은 존재라는 뜻입니다. 그것을 성경에서는 하나님의 형상대로 창조하셨다고 기록하고 있습니다. 하나님께서 그 형상대로 지으신 목적은 무엇일까요? '형상대로'란 눈에 보이는 모양이 아니라 하나님의 속성과 일치되는 부분을 사람에게 심어놓으셨다는 말씀입니다. 곧 하나님과 교제할 수 있는 존재로 우리를 지으신 것입니다. 그것이 다른 생물과 전혀 다른 점입니다. 우리 인간은 전부 하나님의 형상대로 지으심을 받았기 때문에 하나님과 대화가 가능한 것입니다. 그것이 원래 우리의 모습입니다.

"하나님이 자기 형상 곧 하나님의 형상대로 사람을 창조하시되 남자와 여자를 창조하시고"(창 1:27)

그렇다면 하나님은 인간이 어떤 삶을 살도록 계획하셨을까요? 곧 이 땅에서 어떤 존재가 되기를 원하신 것일까요? 하나님은 인간과 충분히 교제할 수 있도록 하시기 위해 이 땅에서 사람에게 할 수 있는 모든 복을 허락하셨습니다. 그리하여 인간에게 명하시기를 생육하고 번성하여 땅에 충만하라고 하신 것입니다. 곧 이 지구상에 사람들이 채워져서 하나님과 교제하면서 복된 삶을 살라고 하신 것입니다. 이 지구는 그렇게 인간으로 채워져서 행복하게 살 수 있을 만큼 모든 조건을 허락하셨던 것입니다. 인간의 생명과 삶에 필요한 모든 요소들을 먼저 만드시고 나서 마지막에 인간을 지으신 이유인 것입니다.

"하나님이 그들에게 복을 주시며 하나님이 그들에게 이르시되

생육하고 번성하여 땅에 충만하라"(창 1:28上)

하지만 하나님은 인간에게 사명도 주셨습니다. 하나님께서 인간을 위해 미리 준비하신 지구상의 만물을 다스릴 권한과 책임을 인간에게 주셨습니다. 인간에게 주신 것이니 인간이 책임져야 하는 것입니다. 그래서 인간은 땅을 정복하고 모든 생물들을 다스리고 보존하는 사명을 받은 것입니다. 지금 인간들은 이 다스림의 명령을 충실하게 행하지 못하고 지구오염과 환경파괴의 주인공들이 되어버렸습니다. 그러나 원래의 인간은 하나님께서 허락하신 만물을 다스리고 책임져야 하는 사람들인 것입니다.

"땅을 정복하라. 바다의 물고기와 하늘의 새와 땅에 움직이는 모든 생물을 다스리라 하시니라"(창 1:28下)

결국 우리 자신이 누군가에 대해서는 하나님의 형상대로 지으심을 받았고 하나님과 교제하며 인간을 위해 준비해주신 모든 것을 보존하고 가꾸고 하나님의 뜻대로 다스리는 존재라고 결론지을 수 있습니다. 우리는 하나님의 형상대로 지으심을 받았고 자연을 다스리며 세상에서 천국(에덴동산) 백성으로 살아가야 하는 사람들인 것입니다.

2) 세상의 모든 복을 받을 사람

하나님은 우리에게 만물을 다스리는 데 필요한 모든 복을 다 주시고 늘 하나님과 만나면서 살도록 우리를 지으셨습니다. 그러나 인간은 하나님의 뜻을 저버렸고 하나님의 의도와는 정반대의 길을 가게 되고야 말았습니다. 그렇기 때문에 예수님을 보내주시고 복음을 주시고 구원하심으로써 옛 에덴을 회복하게 하셨습니다. 물론 그것은 마지막 때에 완전하게 만드셨을 때 가능한 이야기이지만, 우리는 이 현실 세상에서도 하나님께서 주신 모든 복을 누리며 살 수 있어야 합니다. 과연 하나님께서 바라시는 우리 사람들은 어떻게 하면 하나님께서 허락하신 모든 복을 누릴 수 있겠습니까?

하나님은 우리에게 복을 주시되 하나님께서 진정으로 기뻐하실 복을 주셨습니다. 그것이 우리에게도 진정한 복이 되는 것입니다. 곧 이 땅에서 잠시 있다가 사라져버리는 것이 아니라 영원토록 누릴 수 있는 복을 주셨습니다. 얼핏 사람에게 큰 복이 되는 것 같아도 오히려 우리에게 허락된 영원한 복을 완전히 빼앗아버리는 결과를 가져오는 숱한 유혹들이 우리를 기다리고 있습니다.

우선 진정으로 복된 사람은 세상의 성공과 번영을 주는 것 같은 온갖 유혹의 길을 가지 않는 사람입니다. 그 헛된 길은 악인들의 꾀, 죄인들의 길, 오만한 자의 자리입니다. 사람들이 복이라고 생각하는 것과 하나님께서 복이라고 인정하시는 것에는 중대한 차이점이 있습니다. 우리는 이것을 분별하는 사람들이며 이것이야 말로 우리 복된 사람들이 가야 할 길인 것입니다.

> "복 있는 사람은 악인들의 꾀를 따르지 아니하며 죄인들의 길에 서지 아니하며 오만한 자들의 자리에 앉지 아니하고"(시 1:1)

그렇다면 그 유혹의 길이 아니라면 우리는 어떤 길을 가는 사람들일까요? 진정으로 복 있는 사람들이 날마다 기쁘게 순종해야 할 길은 어떤 길입니까? 오직 하나님의 말씀(율법)을 듣고 즐거워하며 그 말씀을 항상 생각하는 길입니다. 시편에는 율법이라고 말했지만 오늘날로 하면 성경말씀입니다. 하지만 성경말씀 자체에 모든 것을 건다기보다는 성경 속에 담겨있는 하나님의 마음을 이해하고 그 마음으로 세상을 살아간다는 것이 더 맞을 것입니다. 어떤 사람이 가장 복된 사람입니까? 하나님의 음성을 듣고 그 음성을 따라 살아가면서 예수님의 사랑을 행하는 사람이 가장 복된 사람입니다. 우리가 원래 그렇게 살아야 하는 사람들입니다.

> "오직 여호와의 율법을 즐거워하여 그의 율법을 주야로 묵상하는도다"(시 1:2)

그렇게 악인의 길을 따르지 않고 하나님의 음성을 따라 행하는 사람에게 하나님은 어떻게 복을 주시겠습니까? 마치 물가에 심겨진 나무처럼 잎사귀가 마르지 않고 시들지 않으며 철을 따라 풍성한 열매를 가득 맺히는 나무와 같은 복을 주신다고 했습니다. 결과적으로 모든 일에 다 형통해질 것이라고 약속하셨습니다. 우리는 그런 사람들입니다. 물론 여기에서 물질적으로나 세상적인 부분만을 말하는 것은 결코 아닙니다. 영적, 정신적으로 굳건하고 튼튼하며 외부의 훼방이나 공격에서도 이겨냄으로써 가치 있고 복된 삶을 살게 된다고 하는 것입니다. 형통이란 아무 일도 일어나지 않는 것이 아니라 많은 일이 일어나도 다 이겨내고 결국 승리하는 것을 의미하는 것입니다.

"그는 시냇가에 심은 나무가 철을 따라 열매를 맺으며 그 잎사귀가 마르지 아니함 같으니 그가 하는 모든 일이 다 형통하리로다"(시 1:3)

3) 하나님께서 의인으로 부르실 사람

그렇지만 그렇게 형통한 사람이 되기 위해서는 전제조건이 있습니다. 하나님이 보시기에 의인이 되어야 한다는 것입니다. 의인이란 물론 의로운 사람이라는 뜻이지만 이 세상에 완전하게 의로운 사람은 없으므로 하나님 안에서 의인이 무엇인가를 알아야 하겠습니다. 의인이란 하나님의 창조하심을 믿고 예수님께서 십자가의 피로 우리 죄를 대신하여 용서하셨음을 믿는 사람, 곧 죄 씻음을 받고 죄에서 자유롭게 된 사람을 가리키는 용어입니다. 그러니까 완전한 의인이 아니라 하나님을 믿고 죄 없다 하심을 얻은 사람이 의인입니다. 하나님의 능력에 의지함으로써 죄와 싸워서 이길 수 있게 된 사람입니다. 온전한 의미에서 기독교인들이 바로 그런 사람들입니다.

하나님은 우리를 의인으로 부르십니다. 의인은 예수님을 생명의 주인으로 믿고 예수님의 말씀을 따라 살아가기로 결단한 사람인 것입니다. 그런 의인들에게 하나님은 어떤 복을 더하여 주시겠습니까? 하나님은 의인들을 번성하고 성장하게 만들어주십니다. 종려나무 같이 크고 풍성하게 자라서 번성하게 해 주시고 백향목처럼 곧게 자라는 훌륭한 목재가 되는 복을 주시는 것입니다. 이것을 성공과 번영과 같은 지상의 축복으로만 해석하면 곤란하고, 오히려 영적, 정신적으로 번성하는 것을 뜻한다고 하는 것이 더 정확할 것입니다. 영적, 정신적인 복이 결국 세상에서의 복으로 이어지게 되어 있습니다.

> "의인은 종려나무 같이 번성하며 레바논의 백향목 같이 성장하리로다"(시 92:12)

그러면 의인에게 이런 복을 주시는데 그런 사람이 될 수 있는 근거는 무엇이겠습니까? 역시 여호와의 말씀만을 믿고 그 말씀을 따라 살아가는 영적 의인의 삶을 살 때에 이런 모든 복이 충만할 수 있습니다. 당연하지 않습니까? 기름지고 풍요로운 밭에 심겨진 식물들이 더 잘 자라고 튼튼하며 수확도 풍성하게 거둘 것이 아니겠습니까? 우리는 여호와의 집에 심겨진 사람들이고 그 뜰에서 번성하게 되는 사람들입니다. 세상은 풍요와 번영을 이 땅 안에서만 추구하지만 우리는 세상의 풍요와 번영 이전에 하나님의 말씀 안에서 참된 영적, 정신적 풍요를 얻고 거기에 자연스럽게 따라오는 복을 누릴 수 있는 사람들입니다.

"이는 여호와의 집에 심겼음이여 우리 하나님의 뜰 안에서 번성하리로다"(시 92:13)

그러면 의인에게 주시는 복과 세상에서 추구하는 복 사이의 가장 근본적인 차이점은 무엇이겠습니까? 세상에서 얻는 복은 언제 사라질지 모르지만 의인에게 주시는 복은 오래 지속될 뿐만 아니라 영원한 복으로 이어진다는 것입니다. 늙어도 여전히 결실을 많이 맺고 진액이 풍족하여 마르는 일이 없으며 빛이 한창 때처럼 청청하게 되는 것입니다. 그것은 여호와께서 우리에게 흔들리지 않는 바위가 되어 주시는 것입니다. 그리고 그것은 하나님께서 공의로우심을 선포하심으로써 모든 불의한 자들에게 두려움이 된다는 것입니다. 불의가 없으신 하나님은 우리 의인들에게는 기쁨과 신뢰가 되지만 불의한 자들에게는 공포가 되는 것입니다.

"그는 늙어도 여전히 결실하며 진액이 풍족하고 빛이 청청하

니 여호와의 정직하심과 나의 바위 되심과 그에게는 불의가 없음이 선포되리로다"(시 92:14~15)

4) 하나님의 사랑을 잃어버린 사람

물론 의인이 받을 복은 그렇게 쉽게 받을 수는 없습니다. 왜냐하면 인간은 이미 타락한 상태에 놓여있기 때문입니다. 의인이란 타락한 상태에서 구원받은 사람에 대한 표현이지만, 아직 예수님을 믿지 않거나 교회에 다니더라도 예수님을 생명으로 여기지 않는 사람들에게는 이런 복이 그들의 것이 될 수가 없습니다. 이런 복을 잃어버린 상태가 지속되고 있기 때문입니다. 하나님은 하나님의 말씀에 불순종한 최초의 인간 아담에게서 에덴을 빼앗으셨습니다. 그것을 누릴 자격이 사라졌기 때문입니다.

"아담에게 이르시되 네가 네 아내의 말을 듣고 내가 네게 먹지 말라 한 나무의 열매를 먹었은즉 땅은 너로 말미암아 저주를 받고 너는 네 평생에 수고하여야 그 소산을 먹으리라 땅이 네게 가시덤불과 엉겅퀴를 낼 것이라 네가 먹을 것은 밭의 채소인즉 네가 흙으로 돌아갈 때까지 얼굴에 땀을 흘려야 먹을

것을 먹으리니 네가 그것에서 취함을 입었음이라 너는 흙이니
흙으로 돌아갈 것이니라 하시니라"(창 3:17~19)

최초의 인간 아담은 절대로 먹지 말라고 명하셨던 선악 열매를 하와와 함께 먹었습니다. 하나님의 명령에 최초로 불순종한 죄였습니다. 물론 그것은 뱀으로 나타난 사탄의 계략이었습니다만 끝까지 하나님을 신뢰하지 못하고 생명으로 여기지 못한 아담과 하와의 책임입니다. 사탄이 선악열매를 이용하여 아담과 하와가 하나님을 의심하도록 교묘하게 쳐놓은 덫 때문에 그렇게 되었던 것입니다. 모든 분열은 신뢰관계에 금이 가면서부터 시작됩니다. 온 우주 만물의 창조주이신 하나님과의 신뢰관계가 깨어진다면 결론은 멸망일 수밖에 없습니다. 신뢰관계를 깨는 것은 태초부터 지금까지 사탄의 변함없는 전략입니다.

"여자가 그 나무를 본즉 먹음직도 하고 보암직도 하고 지혜롭게 할 만큼 탐스럽기도 한 나무인지라 여자가 그 열매를 따먹고 자기와 함께 있는 남편에게도 주매 그도 먹은지라"(창 3:6)

결국 아담과 하와는 하나님으로부터 어떤 심판을 받

게 되었습니까? 신뢰관계가 깨졌으므로 당연히 하나님과 헤어질 수밖에 없었습니다. 벌이 아니라 헤어짐이었고, 그 헤어짐은 인간들에게는 운명 자체가 근본적으로 바뀌는 엄청난 변화였습니다. 아담과 하와는 에덴동산에서 추방당했고, 에덴에서 자유롭고 풍요롭게 모든 식물을 마음껏 먹다가 이제는 땅을 갈고 일을 해야 먹고 살게 되었으며, 출산의 고통을 통과해야 아이를 생산할 수 있게 되었습니다. 땀을 흘려야 생존할 수 있게 되었고 고통을 당해야 번성할 수 있게 된 것입니다. 그리하여 인류는 수고하고 경쟁하며 생존을 위하여 뺏고 빼앗기는 악순환의 틀 속에 갇혀버리게 된 것입니다. 에덴을 잃어버린 결과는 인간에게 고통과 저주로 돌아오고 말았습니다.

> "여호와 하나님이 에덴동산에서 그를 내보내어 그의 근원이 된 땅을 갈게 하시니라"(창 3:23)

그런데 그런 고통은 사람에게만 힘든 것이 아니었습니다. 하나님의 사랑을 잃어버리고 에덴에서 쫓겨난 사람들은 자신들의 욕심과 본능대로 움직이게 되었고, 생각과 계획이 모두 악한 존재가 되어 세상은 죄악으로 가득하게 되고 말았습니다. 이 세상과 인간을 만드신 하나님의 시각으로 보면 한탄과 근심밖에는 나오지 않을 정도가 되었던 것입니다. 하나님과의 관계가 깨어짐으로써 하나님과 헤어진 사람들의 세상은 정의로우신 하나님이 보시기에는 마치 지옥과도 같게 변해 버렸던 것입니다. 우리가 알다시피 결국 하나님은 모든 인간과 생물들을 홍수로 다 쓸어버리셨고, 당대의 의인이었던 노아의 가족만을 남기셨고, 그 후에도 계속되는 죄악 세상을 고치시기 위해 지속적으로 하나님의 계획을 실행하셨던 것입니다. 하나님은 비록 인간을 심판하기는 하셨지만 여전히 우리 인간들을 사랑하고 계셨고 어떻게 해서든지 인간을 구원하기 위해 애를 쓰셨던 것입니다.

> "여호와께서 사람의 죄악이 세상에 가득함과 그의 마음으로 생각하는 모든 계획이 항상 악할 뿐임을 보시고 땅 위에 사람 지으셨음을 한탄하사 마음에 근심하시고"(창 6:5~6)

5) 하나님께서 찾으시는 사람

그 후 하나님은 아브라함으로부터 시작된 이스라엘 민족과 율법을 만든 모세와 하나님의 마음에 맞는 지도자 다윗 왕을 통하여 하나님의 나라를 회복하고자 하셨지만 결국 인간구원을 위한 최후의 수단을 시행하기에 이르렀습니다. 그것이 바로 예수 그리스도의 십자가 희생이었습니다. 인간이 자기 구원을 위하여 힘쓰고 애쓰는 것이 아니라 오히려 하나님 자신이신 성자 예수님께서 인간이 되셔서 인간의 죄를 지고 십자가에서 죽으셨던 것입니다.

그리하여 하나님의 사랑을 잃어버리고 죄악과 욕망 가운데 살 수밖에 없게 된 사람들에게 하나님은 아주 기쁜 소식을 전하시게 되었습니다. 그 기쁜 소식은 무엇이겠습니까? 십자가에서 인간의 죄를 지고 죽으신 예수님의 부활이었습니다. 예수님의 부활이 근원적인 구원으로 연결되는 이유는 우리 대신 담당하신 죄를 이기심으로써 우리도 죄에서 자유롭게 하셨기 때문입니다. 왜냐하면 죄의 결과는 죽음이기 때문입니다. 죽음을 이기시고 부활하신 것이 곧 죄를 이기신 것이고, 그 사실을 믿고 받아들이면 우리도 죄를 이긴 사람들이 되는 것입니다. 그러므로 예수님의 부활은 모든 죄인들, 곧 인류에게 큰 기쁨의 소식인 것입니다.

"우리 주 예수 그리스도의 아버지 하나님을 찬송하리로다 그의 많으신 긍휼대로 예수 그리스도를 죽은 자 가운데서 부활

하게 하심으로 말미암아 우리를 거듭나게 하사 산 소망이 있게 하시며"(벧전 1:3)

앞에서 의인으로서 우리가 누릴 수 있는 모든 것을 하나님께서 허락하셨다고 했는데 이제 그 이유를 밝히게 되는 것입니다. 우리가 하나님의 모든 복을 누릴 수 있는 근거는 바로 예수님의 부활이고, 그 부활을 믿고 받아들임으로써 우리는 썩지 않고 더럽지 않고 사라지지 않는 예수님의 유산을 간직하게 되었기 때문인 것입니다. 그것은 바로 예수님을 믿고 거듭남으로써 우리에게 주어지는 모든 복의 출발인 것입니다. 그것이 바로 우리 죄인들을 죄에서 구원하시는 하나님의 계획이고 은혜이고 선물인 것입니다. 실로 하나님의 구원은 우리에게서 아무 것도 요구하지 않으시고 오로지 신뢰의 회복, 사랑의 회복만이 조건인 것입니다.

"썩지 않고 더럽지 않고 쇠하지 아니하는 유업을 잇게 하시나니 곧 너희를 위하여 하늘에 간직하신 것이라"(벧전 1:4)

그러면 이제 이런 사실이 우리와 어떤 관계가 있겠습니까? 중요한 것은 하나님께서는 여전히 우리를 사랑하시고 기다리시고 관계를 회복하기를 원하신다는 것입니다. 그렇다고 단지 기다리기만 하시는 것은 결코 아닙니다. 하나님은 양 아흔아홉 마리를 산에 두고 잃어버린 한 마리 양을 찾기 위해 온 들판을 헤매는 것과 같은 심정으로 우리를 찾고 계십니다. 그 심정으로 예수님은 십자가의 모든 고통을 이겨내셨던 것입니다. 우리를 찾기 위해 목숨까지 내던지신 하나님이신 것입니다.

> "너희 생각에는 어떠하냐 만일 어떤 사람이 양 백 마리가 있는데 그 중의 하나가 길을 잃었으면 그 아흔아홉 마리를 산에 두고 가서 길 잃은 양을 찾지 않겠느냐 진실로 너희에게 이르노니 만일 찾으면 길을 잃지 아니한 아흔아홉 마리보다 이것을 더 기뻐하리라"(마 18:12~13)

이렇게 우리가 누구인가에 대해서 살펴보았습니다. 우리는 예수님께서 우리를 위해 목숨까지 버리실 만큼 소중한 존재들입니다. 하나님께서 창조하신 피조물이기 때문입니다. 하지만 이런 사실을 깨달아 알고 있는 사람들은 모든 인류 중에서 소수에 불과합니다. 우리는 그 소수의 사람들 중 한 사람입니다. 이 사실을 깨닫고 주신 복을 누리기에 부족함이 없는 사람들이 되어야 하겠습니다.

2
예수님은 어떤 분이실까요?

“예수 믿으세요! 예수 믿으세요!”
길거리에서 많이 들으셨을 것입니다.
예수님은 과연 어떤 분이시기에
예수님을 믿으라고 하는 것일까요?
그래서 먼저 예수님이 누구신지를
구체적으로 알려드리려고 합니다.
예수님께서 어떤 신분을 가지셨으며
어디에서 오셨고 어떻게 오셨으며
우리와는 무슨 관계에 있는지와
나중에는 어떻게 되셨는지 등에 대해
구체적으로 살펴보겠습니다.

1) 예수님은 그리스도이십니다.

하나님은 사람이 누려야 할 복을 회복하시기 위해 예수님을 세상에 보내셨습니다. 예수님은 우리 죄로 말미암아 깨져버렸던 하나님과의 관계를 회복하려고 오셨습니다. 결코 돌이킬 수 없는 장애물인 죄를 사라지게 하심으로써 그것이 가능하게 되었습니다. 이 세상에서 오직 예수님밖에는 그런 자격을 갖춘 사람은 존재할 수가 없습니다. 그래서 우리는 예수님을 그리스도라고 말하는 것입니다.

그리스도란 헬라어로 크리스토스(Christos), 영어로 Christ, 한자로는 기독(基督)이라고 하는데, 헬라어 크리스토스는 '기름부음을 받은 자'라는 뜻입니다. 기름부음은 선지자, 제사장, 왕에게 주어지는 의식인데 예수님은 하나님의 기름부음을 받은 선지자, 제사장, 왕의 모든 자격을 갖춘 분을 뜻하는 것입니다. 예수님은 그리스도이시며 메시아, 구세주, 곧 이 세상을 구원하실 분이십니다. 그래서 예수님을 믿는 종교를 기독교라고 하는 것입니다. 때로는 그냥 그리스도교라고 부르기도 하는데 이때는 예수님으로 인하여 생긴 모든 종교, 곧 천주교, 정교회까지 통틀어서 부르는 경우가 많습니다.

예수님을 향하여 그리스도라는 고백을 드린 최초의 인물은 예수님의 제자 베드로였습니다. 예수님께서 우상숭배가 가득했던 빌립보 가이사랴 지방에 가셨을 때 제자들을 모아놓고 한 가지 질문을 하셨습니다. '사람'들은 나(예수님)를 누구라고 하느냐는 질문을 먼저 하시고 나서 제자들에게 직접 질문을 던지셨습니다.

"이르되 너희는 나를 누구라 하느냐"(마 16:15)

이 때 제자 시몬 베드로가 대답했습니다. 예수님의 신분과 정체에 대해서 아주 명확하게 인식하고 있었던 베드로였습니다. 베드로는 유대나라 변방 갈릴리 청년 예수를 어떻게 그리스도라고 인식할 수 있었을까요? 베드로의 발견은 정말 위대한 발견이었습니다. 물론 그 후로 제자들과 성도들을 거쳐 오늘날 우리들도 같은 고백을 드리고 있지만, 외관으로는 단지 한 청년에 불과했던 예수님을 그리스도라고 고백한 베드로의 믿음이 오늘날 교회의 뿌리가 되었던 것입니다.

"시몬 베드로가 대답하여 이르되 주는 그리스도시요 살아 계신 하나님의 아들이시니이다"(마 16:16)

그리스도라는 말에는 그 주인공이 인간이 아니라 하나님이시라는 뜻이 들어 있습니다. 왜냐하면 하나님께서 인간이 되심으로써 구원의 일이 시작되기 때문입니다. 인간이 되신 하나님께서 절대로 씻을 수 없는 인간의 죄를 대신 감당하셔야 구원이 이루어지기 때문입니다. 인간이 온갖 노력으로 신이 됨으로써 스스로 죄에서 벗어나는 것이 아니라 신이신 하나님께서 인간이 되셔서 인간 대신 죄를 지심으로써 구원이 이루어진 것입니다. 이것이 다른 종교와 기독교 복음의 근본적인 차이점입니다. 그렇기 때문에 예수님을 그리스도라고 고백하는 말에는 예수님을 하나님이라고 믿는다는 뜻이 담겨 있는 것입니다.

예수님을 그리스도로, 곧 하나님으로 고백하지 않으면 기독교는 성립될 수가 없습니다. 기독교라는 종교 자체가 예수님을 그리스도로 고백하는 것이고 그렇게 고백하는 사람들에게 구원이 임하게 된다는 기본 진리를 전제로 하고 있기 때문입니다. 하나님께서 인간이 되셔서 십자가에서 죽으시고 나서 그 죽음을 이기시고 부활하셨다는 사실을 믿는 것이 기독교의 복음입니다. 그것이 인간을 구원할 수 있는 가장 복된 소식인 것입니다. 예수님이 그리스도가 아니시라면 사람이 굳이 예수님을 믿으려고 할 필요가 없습니다. 왜냐하면 예수님이 그리스도가 아니라면 인간의 구원이 이루어질 수 없기 때문입니다.

2) 예수님은 하나님의 아들이십니다.

예수님은 살아계신 하나님(의 아들)이십니다. 여기에서 '하나님의 아들'이라는 개념은 사람이 최대한도로 이해할 수 있도록 설명하는 용어이지 정말 사람이 아들을 낳듯이 하나님과 예수님의 관계도 그렇다는 말이 아닙니다. 예수님이 하나님의 아들이라는 말은 아들 예수님께서 아버지 하나님의 모든 본질, 목적, 성품, 능력 면에서 동일하고 동등하다는 표현이라고 할 수 있습니다. 그렇다고 이스라엘의 관용적인 표현도 아닙니다. 보통 '누구의 아들'이라고 하면 그 사람을 닮거나 그 사람의 가르침을 따라 사는 사람을 뜻하지만, 예수님을 그리스도요 하나님의 아들이라고 표현하는 것은 그런 뜻이 아니라 정말 예수님께서 아버지 하나님과 같은 분, 동등한 분이라는 뜻입니다.

그러니까 예수님은 직접 사람의 몸을 입고 이 땅에 오신 것 이외에는 하나님과 동일한 분이십니다. 기능 면에서는 사람의 죄를 대신 짊어지시는 것이 아들 예수님의 역할일 뿐, 그 이외에는 전부 아버지 하나님과 같은 목적으로 일하고 계시는 것입니다. 성령 하나님과 함께 아버지 하나님, 아들 예수님은 모두 같은 하나님으로서 동시에 세 분의 하나님이신 삼위일체 교리의 주인공인 것입니다. 그래서 마태는 아버지 하나님께서 친히 제자들에게 예수님과의 관계를 설명하신 것을 기록했습니다. 예수님을 향하여 하나님께서 직접 육성으로 하나님의 아들이심을 말씀하셨던 것입니다. 베드로를 비롯한 여러 제자들이 이 육성을 들었습니다.

> "말할 때에 홀연히 빛난 구름이 그들을 덮으며 구름 속에서 소리가 나서 이르시되 이는 내 사랑하는 아들이요 내 기뻐하는 자니 너희는 그의 말을 들으라 하시는지라"(마 17:5)

예수님은 공생애 동안 지속적으로 하나님을 아버지라고 부르십니다. 그리고 자신이 하나님의 친아들임을 기회 있을 때마다 설명하고 선포하셨습니다. 스스로가 하나님의 아들 되심을 설명하실 때마다 모든 일을 오직 아버지 하나님의 뜻대로만 행하신다고 거듭 강조하셨습니다. 예수님은 아버지께서 예수님을 사랑하시듯이 예수님도 우리를 그렇게 사랑한다고 말씀하기도 하셨습니다.

당연하게도 예수님은 아버지 하나님과 예수님 자신이 하나라고도 이야기하셨습니다.

"예수께서 그들에게 이르시되 내 아버지께서 이제까지 일하시니 나도 일한다 하시매"(요 5:17)

"나와 아버지는 하나이니라 하신대"(요 10:30)

그런데 감히 하나님을 아버지라고 부른다고 유대인들이 예수님을 책망하고 나섰습니다. 말하자면 신성모독이라는 것이었습니다. 그 당시 신성모독의 죄는 사형에 해당됩니다. 예수님의 말씀은 당연하지만 오히려 예수님을 십자가에 매달 수 있는 구실을 주고 말았습니다. 물론 예수님은 이런 일들을 전부 다 알고 계셨습니다. 그러나 바로 그것을 위해서 이 땅에 오신 예수님은 친아버지이신 여호와 하나님의 뜻을 따라 행하고 계신 것이었습니다.

"유대인들이 이로 말미암아 더욱 예수를 죽이고자 하니 이는 안식일을 범할 뿐만 아니라 하나님을 자기의 친아버지라 하여 자기를 하나님과 동등으로 삼으심이러라"(요 5:18)

예수님은 스스로 하나님의 아들임을 분명하게 밝히셨습니다. 간절한 마음으로 저들에게 설명하셨습니다. 예수님은 하나님 아버지께서 하시는 일을 그대로 따라할 뿐이라고 하셨습니다. 예수님께서 하신 모든 말씀들과 행동들은 전부 아버지 하나님께서 행하신 그대로라는 것입니다. 하나님을 눈으로 볼 수는 없지만 예수님의 말씀과 행동들을 보면 하나님을 만난 것과 같다는 말씀입니다. 우리가 믿는 예수님은 하나님의 아들이십니다.

"그러므로 예수께서 그들에게 이르시되 내가 진실로 진실로 너희에게 이르노니 아들이 아버지께서 하시는 일을 보지 않고는 아무 것도 스스로 할 수 없나니 아버지께서 행하시는 그것을 아들도 그와 같이 행하느니라"(요 5:19)

3) 예수님은 창조의 주인이십니다.

예수님이 온 우주와 인간들을 창조하셨다고 말하면 언뜻 납득이 가지 않을 수도 있을 것입니다. 그러나 하나님께서 천지를 창조하실 때 아버지 하나님 한 분만이 행하신 것이 아니라 세 분의 하나님께서 함께 행하셨다는 사실을 알아야 합니다. 인간의 논리로는 이해하기 어렵지만, 아버지 하나님과 아들 예수님, 그리고 성령 하나님은 한 분이면서도 세 분이요 세 분이면서 동시에 한 분이십니다. 세 분은 고유의 역할과 능력을 가지고 계시지만, 예수님은 분명히 창조주 하나님 세 분 중의 한 분이십니다.

창세기에 보면 천지창조 이야기가 나오는데, 사람을 창조하실 때 그 주어를 단수가 아니라 복수로 표현하고 있습니다. 이 '우리'라는 표현은 아버지 하나님과 아들 예수님과 성령 하나님을 지칭하는 것이라고 볼 수 있습니다. 성령 하나님은 하나님의 영 또는 그리스도의 영이십니다(롬 8:9). 천지를 창조하실 때 예수님도 함께 그 일에 동참하신 것이 분명합니다.

> "하나님이 이르시되 '우리'의 형상을 따라 '우리'의 모양대로 '우리'가 사람을 만들고 그들로 바다의 물고기와 하늘의 새와 가축과 온 땅과 땅에 기는 모든 것을 다스리게 하자 하시고"(창 1:26)

그래서 요한은 일찍이 예수님을 태초부터 아버지 하나님과 함께 만물을 창조하신 분으로 기록하고 있는 것입니다. 사도 요한은 예수님께서 하나님이라는 사실을 더욱 구체적으로 설명하고 있습니다. 곧 태초에 천지를 창조하실 때 아버지 하나님과 함께 계셨다고 했으며, 만물이 예수 그리스도로 말미암아 지은 바 되었으며, 따라서 예수님 없이 지어진 존재는 하나도 없다고 말합니다. 인간의 육신을 입고 십자가에서 죽기 위해 이 땅에 오신 예수님은 분명히 창조의 주인이십니다.

"그가 태초에 하나님과 함께 계셨고 만물이 그로 말미암아 지은 바 되었으니 지은 것이 하나도 그가 없이는 된 것이 없느니라"(요 1:2~3)

만약에 예수님이 창조의 주인이시라면 이 땅에서 사시는 동안에 분명한 증거가 있어야 하지 않겠습니까? 그 증거 중의 하나가 예수님께서 자연까지도 다스리시는 분이라는 사실입니다. 거센 풍랑도 예수님께서 꾸짖으심으로써 잠잠케 만드셨습니다. 이 세상에서 신비하고 기적적인 이야기들이 많이 있지만 바람과 바다를 꾸짖어 잠잠케 하는 일은 창조주 아니면 행할 수 없는 증거인 것입니다.

"예수께서 이르시되 어찌하여 무서워하느냐 믿음이 작은 자들아 하시고 곧 일어나사 바람과 바다를 꾸짖으시니 아주 잔잔하게 되거늘 그 사람들이 놀랍게 여겨 이르되 이이가 어떠한 사람이기에 바람과 바다도 순종하는가 하더라"(마 8:26~27)

자연을 만드신 분은 자연을 다스릴 수 있습니다. 예수님은 물에 빠지지 않고 물 위를 걸으신 분이십니다. 자연을 다스리시는 것만이 창조주라는 증거는 아니지만 어느 누구도 행할 수 없는, 자연을 거스르는 일은 창조주 아니시면 결코 행할 수 없는 일일 것입니다. 가장 결정적인 증거는 예수님의 부활이지만, 부활이 아니라도 예수님이 창조를 함께 하셨다는 증거는 여러 군데에서 찾아볼 수 있습니다.

"밤 사경에 예수께서 바다 위로 걸어서 제자들에게 오시니"(마 14:25)

창조의 주인으로서 예수님은 숱한 기적을 일으키시고, 불치병 환자를 고치시고, 죽은 지 나흘이나 되는 사람을 살리시고, 도시락 하나로 5,000여명을 먹이시고, 심지어 오래 전에 죽은 모세와 엘리야와 직접 만나기도 하셨습니다. 예수님은 창조의 주인이십니다. 물론 숱한 증거에도 불구하고 거듭난 사람의 눈으로 볼 수 없다면 결코 믿을 수 없을 것입니다. 갈릴리 청년 예수가 창조주 하나님과 동등한 분이라는 사실을 우리는 믿음의 눈으로 받아들일 때에만 믿을 수 있는 것입니다. 예수님께서 이미 오래 전에 천국으로 떠난 모세와 엘리야와 함께 대화하는 장면을 어떻게 믿지 않는 사람의 눈에 보이고 귀에 들리겠습니까?

> "기도하실 때에 용모가 변화되고 그 옷이 희어져 광채가 나더라 문득 두 사람이 예수와 함께 말하니 이는 모세와 엘리야라"(눅 9:29~30)

4) 예수님은 생명의 주인이십니다.

그렇다면 이런 생각을 할 수도 있을 것입니다. 예수님께서 창조의 주인이라면 사람의 죽음까지도 주관하실 수 있을까 하는 생각입니다. 교회에서는 예수님이 생명의 주인이라는 말을 많이 사용합니다. 그렇지만 우리의 생명을 직접 좌우하실 수 있는 생명의 주관자라고 생각하지는 못하는 경우가 많습니다. 왜냐하면 생명의 주인이라고 신앙고백을 하면서도 그 생명의 주인을 따르기 위해 자기 생명까지도 기꺼이 바치겠다는 생각은 하지 못하고 있기 때문입니다. 예수님을 단지 소원을 들어주시고 복을 주시며 모든 일이 잘되게 하신다고만 생각하고 있습니다. 그러나 우리는 예수님께서 우리의 생명과 사망의 주인이시라는 사실을 더욱 실감하면서 살아야 합니다.

예수님께서 생명의 주인이라는 말은 예수님이 생명의 근원이고 출발일 뿐만 아니라 생명을 좌우하실 권한을 가지고 계시고 생명의 통로가 되신다는 말씀입니다. 예수님은 우리가 목숨을 다 바쳐서 믿고 우리의 전체 인생을 걸고 따라야 할 생명의 주인이십니다. 왜냐하면 예수님이 아니면 우리는 구원과 영생을 얻을 수가 없으니까요. 예수님이 생명의 주인이라는 근거는 어디에 있습니까? 만물이 창조주 아버지 하나님께로부터 비롯된 것에 있습니다. 하나님께서 인간을 창조하시고 그 생명을 소유하시듯이 예수님도 하나님께서 소유하신 생명을 가지고 계시는 것입니다.

> "아버지께서 자기 속에 생명이 있음 같이 아들에게도 생명을 주어 그 속에 있게 하셨고"(요 5:26)

'생명의 주인'이라는 말은 믿는 사람에게 참 생명 곧 영생을 부여하실 수 있다는 말입니다. 생명이라고 하니까 우리의 육신을 가지고 있는 동안의 생명을 생각하겠지만 참 생명은 하나님과 함께 영원토록 누릴 수 있는 영생인 것입니다. 예수님을 믿고 교회에 다니는 목적은 바로 이 영생에 있습니다. 이 땅에서의 형통과 번영이 아니라 영생이 진정한 복이라는 말입니다. 곧 천국에서 영원토록 복된 삶을 사는 것이 우리가 예수님을 믿는 목적인 것입니다. 예수님의 말씀을 듣고 하나님을 믿는 사람은 사망에서 생명으로 옮겨지게 됩니다. 그래서 우리는 예수님을 생명 곧 영생의 주인이라고 하는 것입니다.

> "내가 진실로 진실로 너희에게 이르노니 내 말을 듣고 또 나 보내신 이를 믿는 자는 영생을 얻었고 심판에 이르지 아니하나니 사망에서 생명으로 옮겼느니라"(요 5:24)

당연히 사람은 반드시 예수님을 통해야만 참 생명을 얻을 수 있음을 말씀하십니다. 생명의 창조주이신 하나님께로 가는 길은 예수님이 유일합니다. 생각해보십시오. 창조주 하나님께 불순종하고 죄로 쫓겨났다면 다시 창조주 하나님께로 돌아가기 위해서는 누구를 통해야 하겠습니까? 같은 하나님을 통하지 않고는 돌아갈 수 없습니다. 구원이란 바로 죄에서 자유롭게 되고 하나님과의 관계를 회복하는 것인데, 다른 그 어떤 존재를 통해서 들어갈 수 있겠습니까? 오직 아들 예수님을 통해서만 구원이 가능한 것입니다. 이것이 종교와 진리의 차이입니다. 타 종교에서는 구원이 결단코 없습니다.

"예수께서 이르시되 내가 곧 길이요 진리요 생명이니 나로 말미암지 않고는 아버지께로 올 자가 없느니라"(요 14:6)

성경을 기록한 목적도 사람들로 하여금 예수님으로 말미암아 생명을 얻게 하시려는 것이었습니다. 놀랍게도 구약성경의 모든 초점은 바로 이 생명의 주인이신 메시아 예수 그리스도께 맞추어져 있었습니다. 비록 인간의 허물로 죄에 빠져 멸망의 길을 가고 있지만 그 길에서 벗어나려면 인간 스스로는 절대로 불가능합니다. 오직 인간을 창조하신 하나님으로만 가능하게 되는 것입니다. 그것도 인간이 반드시 당해야만 하는 모든 죄악에 대한 심판을 누군가 대신 당해주시는 것만이 하나님의 의를 만족시키는 길인 것입니다. 그래서 예수님이 이 세상에 오셔서 우리가 당해야만 하는 모든 고통, 모욕, 심판, 징계를 대신 당하심으로써 하나님과의 관계가 회복될 수 있는 것입니다. 오직 생명의 주인이신 예수님만이 감당하실 수 있는 일입니다.

> "그가 찔림은 우리의 허물 때문이요 그가 상함은 우리의 죄악 때문이라 그가 징계를 받으므로 우리는 평화를 누리고 그가 채찍에 맞으므로 우리는 나음을 받았도다"(사 53:5)

그래서 사도 바울은 예수님을 위하여 자기 생명을 조금도 아까워하지 않았습니다. 왜냐하면 생명의 주인이신 예수님을 믿기 때문입니다. 생명의 주인이신 예수님을 잘 믿는다면서도 생명을 걸고 인생을 바쳐서 예수님을 따라가지 않는다면 그것은 예수님을 생명의 주인으로 믿지 않는 것과 같은 것입니다. 사도 바울은 바로 이 생명의 주인이신 예수님을 위하여 자기 생명을 조금도 귀한 것으로 생각하지 않았습니다.

> "내가 달려갈 길과 주 예수께 받은 사명 곧 하나님의 은혜의 복음을 증언하는 일을 마치려 함에는 나의 생명조차 조금도 귀한 것으로 여기지 아니하노라"(행 20:24)

예수님을 생명으로 믿고 따라간다면 어쩌면 어려움과

고통을 당하게 될 수도 있습니다. 그러나 우리의 생명은 영생을 전제로 하는 것이라는 사실을 잊지 말아야 합니다. 단지 위험이나 어려움에서 우리가 구원받는 것이 아니라 인생 전체가 지옥에 빠져 영원토록 고통당하는 영벌에서 구원받는 것입니다. 그것이 영생입니다. 예수님은 우리의 생명의 주인이시면서 우리의 영생을 책임지실 분이십니다.

5) 예수님은 부활의 주인이십니다.

예수님이 그리스도이시고 하나님의 아들이시고 창조의 주인이시고 생명의 주인이라고 할지라도, 만약에 죽음을 이기지 못하신다면, 예수님은 좀 뛰어난 한 인간일 뿐입니다. 예수님이 하나님이라는 사실을 가장 명확하게 밝혀주는 결정적인 증거가 바로 예수님의 부활입니다. 예수님은 십자가에 못 박혀 죽으셨다가 사흘 만에 부활하셨습니다. 이 부활이 없었다면 예수님이 그리스도라는 사실을 밝혀주는 수많은 증거가 있다고 해도 확실하게 믿기 어려울 수도 있습니다. 앞서 이야기한 다른 증거들도 많이 있지만 그것들을 신비한 이야기이거나 전설 등으로 치부해 버리면 그냥 의문으로 남을 수밖에 없습니다.

그러나 이 부활이라는 증거는 예수님께서 하나님이라는 사실을 분명하게 드러내어 줄뿐만 아니라 다른 증거들도 확실한 증거로 믿을 수 있게 만들어줍니다. 예수님은 제자들에게 여러 차례에 걸쳐 십자가에서 죽으실 것과 사흘 만에 살아나실 것을 말씀하셨습니다. 그렇게 해야 예수님이 진짜로 부활하셨을 때 제자들이 생명으로 받아들일 수 있는 근거가 되기 때문입니다.

"이방인들에게 넘겨주어 그를 조롱하며 채찍질하며 십자가에 못 박게 할 것이나 제 삼일에 살아나리라"(마 20:19)

성경에는 부활하신 예수님을 직접 만났던 수많은 사람들이 있었습니다. 사도 바울의 증언에 의하면 예수님은 오백 명도 더 되는 사람들에게 부활하신 모습을 직접 나타내 보여주셨습니다. 가장 큰 증거는 지금도 예수님의 부활을 믿는 수많은 사람들이 지구상에 존재한다는 것입니다. 예수님께서 부활하지 않으셨다면 그 제자들이 그렇게 목숨을 걸고 순교까지 당하면서 예수님의 부활을 전파할 수는 없었을 것이기 때문입니다. 지식이 부족했던 베드로와 제자들이 그들의 종교를 스스로 만들기 위해 예수님의 부활을 꾸며서 주장했을까요? 결코 그렇지 않습니다. 예수님의 부활의 증거는 너무나도 확실하고 분명합니다.

"장사 지낸 바 되셨다가 성경대로 사흘 만에 다시 살아나사 게바에게 보이시고 후에 열두 제자에게와 그 후에 오백여 형제에게 일시에 보이셨나니 그 중에 지금까지 대다수는 살아 있고 어떤 사람은 잠들었으며"(고전 15:4~6)

하지만 예수님께서 정말 부활의 주인이기 위해서는 예수님 자신의 부활과 함께 예수님을 믿는 모든 사람들도 부활에 참여시키실 수 있어야 합니다. 예수님을 믿는 사람은 부활하여 영원한 생명을 얻을 수 있다고 하셨습니다. 단지 예수님의 부활에만 그친다면 예수님은 생명의 주인이시지만 우리는 영생에 이를 수가 없게 될 것이기 때문입니다. 우리 믿는 사람들에게 부활이 없다면 예수님께서 원래 계시던 곳으로 돌아가시고 난 후에 또다시 이 세상에 남겨질 수밖에 없게 될 것입니다. 그 말은 인간은 그냥 죽으면 그만이라는 말과 같게 되는 것입니다. 예수님께서 부활하셨다면 우리 믿는 사람들도 부활해야 마땅합니다. 그래야 우리에게 주어지는 영생을 누릴 수 있게 되기 때문입니다. 예수님은 이 사실을 굳게 약속해

주셨습니다.

"예수께서 이르시되 나는 부활이요 생명이니 나를 믿는 자는 죽어도 살겠고 무릇 살아서 나를 믿는 자는 영원히 죽지 아니하리니 이것을 네가 믿느냐"(요 11:25~26)

예수님을 믿지 않는 사람은 심판을 받고 지옥으로 떨어지게 되는데 예수님은 그것을 심판의 부활이라고 설명하고 계십니다. 믿지 않는 사람들도 마지막 때에 다시 부활한다고 하셨습니다만 그들에게는 멸망의 부활만 주어지게 될 것입니다. 만약에 심판의 부활이 없다면 예수님으로부터 생명을 얻지 못하고 죽음으로 모든 인생이 끝나게 되는 것이고, 그것이 인생의 마지막이라면 굳이 예수님을 믿지 않아도 세상에서 잘 살 수 있을 것입니다. 이 세상에서의 삶에 대해서 하나님은 분명히 심판을 하십니다. 다만 믿음의 사람들에게는 영생의 부활이 주어지게 되는 것입니다. 이 모든 것이 예수님의 부활사건으로 인하여 우리에게 주어지게 되는 영원한 선물인 것입니다.

"무덤 속에 있는 자가 다 그의 음성을 들을 때가 오나니 선한

일을 행한 자는 생명의 부활로, 악한 일을 행한 자는 심판의 부활로 나오리라"(요 5:28~29)

결론적으로 예수님은 부활의 주인이심과 동시에 심판의 주인이십니다. 하나님께서 심판을 예수님께 맡기셨습니다. 많은 경우에 예수님을 단지 생명과 사랑을 주시는 분으로만 생각하고 있지만, 예수님은 마지막 날에는 심판의 주인으로 행하신다는 사실을 깨달아야 합니다. 예수님은 지금 무조건적인 사랑으로 끝까지 참고 기다려주시지만 마지막 때가 되면 사랑은 전혀 없고 오직 공의와 정의로 심판하십니다. 하나님의 의는 아주 작은 죄라도 결코 용서하실 수 없는 속성을 지니고 있습니다. 예수님께서 우리 대신 죽으심으로써 그 하나님의 의를 만족시켜 주셨지만, 때가 되어 그 사랑과 은혜를 거두어가시면 아무리 작은 죄도 용서하지 않으시고 지옥으로 떨어뜨려 버리십니다. 마지막 때에는 하나님은 절대로 용서하지 않으십니다.

"아버지께서 아무도 심판하지 아니하시고 심판을 다 아들에게 맡기셨으니"(요 5:22)

예수님이 어떤 분이신가에 대해서 구체적으로 살펴보았습니다. 믿음의 사람들은 대개는 이런 사실을 알고 믿고 있지만, 예수님을 오해하여 신앙생활에 충실하지 못한 사람들도 상당히 많을 것입니다. 이제 신앙생활을 시작하는 사람들은 예수님에 대해서 더 깊이 이해하고 진실한 신앙인들이 되시기를 바랍니다.

3
예수님은 무슨 일을 하셨을까요?

예수님이 어떤 분인지를 알았으면
이제는 무슨 일을 하셨는지를 알아야 합니다.
그래야 우리와 무슨 관련이 있는지를
확실하게 이해할 수 있지 않겠습니까?
2천여 년 전에 이스라엘 땅에서
33년 동안 사시면서 기적을 행하셨고
최후에 십자가에서 죽으신 예수님은
왜 그렇게 살 수밖에 없으셨는지를
우리가 확실하게 이해해야 합니다.
그래야 왜 예수님을 믿어야 하는지
정확하게 알 수 있을 것입니다.

1) 천국복음을 전파하셨습니다.

예수님께서 이 땅에 오신 목적은 사람들을 천국으로 이끄시기 위해서였습니다. 그러니까 천국에 가는 것은 예수님을 믿는 가장 중요한 목적이라고 할 수 있습니다. 만약에 천국이 없다면 꼭 예수님을 믿어야 할 이유가 사라지게 되는 것입니다. 그래서 예수님이 세상에 오셔서 하신 가장 중요한 일도 천국복음을 전파하는 일이었습니다. 천국복음을 전파하시고, 가르치시며, 고치셨습니다.

여기에서 우리가 알아야 할 것은 천국복음이란 말이나 글이나 설교만이 아니라는 것입니다. 예수님 자신이 천국복음으로 오셨고 천국복음으로 사셨습니다. 천국복음을 전파해야 하지만 예수님처럼 삶 자체로 복음을 증명해야 하는 것입니다. 예수님은 천국복음을 전파하는 일을 하시되 목숨과 전체 삶으로 전파하셨습니다. 그런 증거들 중의 하나가 모든 병과 약한 것을 고치신 것입니다. 십자가 고난과 부활도 마찬가지입니다.

"예수께서 온 갈릴리에 두루 다니사 그들의 회당에서 가르치시며 천국 복음을 전파하시며 백성 중의 모든 병과 모든 약한 것을 고치시니"(마 4:23)

그런데 하나님 나라의 일은 아무 사람에게나 알려지는 것은 아니었습니다. 알려주어도 깨닫지 못합니다. 그래서 예수님은 갖가지 방법으로 천국을 이야기하셨습니다. 질병을 고치시고 가르치시고 선포하시고 비유로 설명하기를 거듭하셨습니다. 그럼에도 불구하고 천국복음은 마치 비밀리에 깊이 숨겨둔 보화와 같이 쉽게 깨달아지기 어렵습니다. 그러나 천국복음을 듣고 깨달아 알게 되었다면 그것은 온 인생을 다 바쳐서라도 소유해야 하는 생명의 진리입니다. 예수님께서 말씀하신 비유처럼, 밭에 감추어진 아주 귀중한 보화를 발견한 후에 자기 모든 재산을 팔아서 그 밭을 사는 것과 같이 인생 전체와 바꿀 만한 진리인 것입니다. 왜냐하면 세상에서 아무리 잘 살아도 죽어서 지옥으로 간다면 완전히 실패한 인생이 되기 때문입니다. 예수님의 가장 우선적인 일이 바로 천국복음을 전파하신 일이라는 데에는 그만한 이유가 있는 것입니다.

"천국은 마치 밭에 감추인 보화와 같으니 사람이 이를 발견한 후 숨겨 두고 기뻐하며 돌아가서 자기의 소유를 다 팔아 그 밭을 사느니라"(마 13:44)

심지어 예수님께서 십자가 고난 후에 죽으셨다가 부활하셔서 40일 동안 세상에 계시면서 행하신 가장 주된 일이 무엇인지 아십니까? 하나님 나라의 일을 가르치신 것입니다. 부활하셨다가 하늘로 올라가시기까지의 40일 동안 주로 하신 일이 바로 천국복음을 전파하신 일이었습니다. 예수님께서 세상에 오셔서 가르치시고 고치시고 십자가에 죽으셨다가 사흘 만에 부활하심으로써 천국의 실제 모습을 보여주셨는데 그럼에도 마지막까지 천국복음을 전파하셨다는 사실은 이 복음이 바로 우리 그리스도인들이 목숨 걸고 얻어야 하는 참된 가치라는 것입니다.

"그가 고난 받으신 후에 또한 그들에게 확실한 많은 증거로 친히 살아 계심을 나타내사 사십 일 동안 그들에게 보이시며 하나님 나라의 일을 말씀하시니라"(행 1:3)

그러면 예수님께서 전파하신 이 천국복음은 언제까지 전파되어야 합니까? 예수님께서 죽음까지 당하면서도 전파하셨던 천국복음은 이제 믿는 사람들의 몫이 되었습니다. 예수님께서 올라가신 후 2,000여 년 동안 믿는 사람들에 의해 천국복음은 지금까지도 전파되고 있습니다. 언제까지요? 지구상의 모든 사람들이 전부 이 천국복음을 들을 때까지 전파되어야 하는 것입니다. 그리고 모든 사람이 이 복음을 들을 때 세상에는 종말이 오는 것입니다. 듣고도 받아들이지 못한다면 그것은 그들의 책임입니다. 다만 성도는 생명이 다할 때까지 어떤 방식으로든 천국복음을 보여주고 전파해야 하는 것입니다.

> "이 천국 복음이 모든 민족에게 증언되기 위하여 온 세상에 전파되리니 그제야 끝이 오리라"(마 24:14)

2) 사람들의 죄를 용서해주셨습니다.

예수님께서 이 땅에 오신 가장 큰 목적은 무엇이겠습니까? 그것은 인간의 죄를 대신 지시고 그 죄를 이기기 위해서였습니다. 에덴동산에서 하나님과 사람 사이에 죄가 가로막히자 하나님은 사람을 세상으로 내쫓으셨습니다. 이제 죄 문제를 해결하지 못하면 인간은 에덴으로 절대로 돌아갈 수 없게 되었습니다. 인간의 죄가 얼마나 뿌리 깊었든지 하나님께서 민족을 만드시고 율법을 주시고 율법대로 다스림을 주셨지만 죄 문제는 조금도 진전이 없었습니다. 결국 마지막 최후의 구원의 길인 예수님께서 내려오신 것입니다. 예수님의 궁극적인 목적은 인간의 죄를 씻어주시는 일이었습니다.

천국에 갈 수 있는 가장 근본적인 조건은 죄 문제를 해결하는 일입니다. 죄 문제는 인간 스스로는 결코 씻어낼 수 없습니다. 아무리 노력하고 힘을 쓰고 고통을 받고 심지어 죽는다고 해도 인간 스스로는 죄를 씻을 길이 없습니다. 죄를 씻기 위해서는 오직 죄를 용서받는 길밖에는 없는데, 그것은 예수님께서 우리 죄를 대신 지고 십자가에서 죽으시는 것이었습니다. 천국복음이란 결국 예수님을 믿고 죄를 용서받고 천국에 가서 영생을 누리는 것입니다. 오직 예수 그리스도를 통해서만 죄를 용서받는다는 사실을 진심으로 믿고 고백하면 죄를 사면 받을 수 있습니다.

> "베드로가 이르되 너희가 회개하여 각각 예수 그리스도의 이름으로 세례를 받고 죄 사함을 받으라 그리하면 성령의 선물을 받으리니"(행 2:38)

하지만 예수님은 꼭 십자가에서 죽으시고 부활하신 사실을 믿고 고백하는 사람들만 그 죄를 용서하시는 것은 아닙니다. 예수님은 이 땅에 계시는 동안에도 사람들의 죄를 용서해주셨습니다. 아직 십자가에서 목숨을 버리시기 전이었는데도 예수님께는 죄를 사면해주실 권능이 있으셨습니다. 그래서 예수님은 이 땅에서 많은 사람들의 죄를 용서하셨습니다. 예수님은 죄 때문에 생긴 질병을 고치시기 위해서 죄 사함(사면)을 선포하셨습니다. 죄가 사라지면 질병도 사라지는 것이었습니다.

예수님은 중풍에 걸린 환자 한 사람을 침상에 태우고 예수님을 찾아왔다가 사람들이 너무 많아 만나기가 어렵게 되자 지붕까지 뜯어서 예수님 앞에 데려온 어떤 중풍병자의 죄를 용서하셨습니다. 왜냐하면 그 중풍은 자기 죄 때문에 얻은 질병이기 때문이었습니다. 물론 그런 죄 용서도 믿음이 있어야 가능합니다. 예수님은 그들의 믿음을 보시고 환자에게 죄 용서를 선포하셨던 것입니다. 죄 용서는 예수님의 아주 핵심적인 일과 중 하나였습니다.

"인자가 세상에서 죄를 사하는 권능이 있는 줄을 너희로 알게 하려 하노라 하시고 중풍병자에게 말씀하시되 일어나 네 침상을 가지고 집으로 가라"(마 9:6)

"예수께서 그들의 믿음을 보시고 중풍병자에게 이르시되 작은 자야 네 죄 사함을 받았느니라 하시니"(막 2:5)

죄를 지었지만 회개하고 예수님의 발에 향유를 붓고 머리카락으로 씻어드린 여인의 죄도 용서해주셨습니다. 그 당시 사람들은 죄를 지은 사람과 함께 해서는 안 된다고 생각했지만 그것은 하나님의 마음을 전혀 모르는 것이고 예수님께서 오신 목적을 전혀 이해하지 못한 결과일 뿐이었습니다. 비록 모든 사람들이 아는 죄를 지었지만 회개하고 예수님께 모든 예를 다한 여인의 죄를 용서해 주셨던 것입니다. 이것은 죄인에 대한 우리 신앙인들의 마음가짐을 가르쳐주신 것이기도 한 말씀이었습니다.

"그 동네에 죄를 지은 한 여자가 있어 예수께서 바리새인의 집에 앉아 계심을 알고 향유 담은 옥합을 가지고 와서 … 이러므로 내가 네게 말하노니 그의 많은 죄가 사하여졌도다 이는 그의 사랑함이 많음이라 사함을 받은 일이 적은 자는 적게 사랑하느니라 이에 여자에게 이르시되 네 죄 사함을 받았느니라 하시니"(눅 7:37, 47~48)

예수님께서 이 세상에 오신 것은 십자가에서 못 박혀 죽기 위해서였습니다. 원래 구약에서는 백성들이 죄를 지을 때마다 자기 죄를 대신하여 양을 죽여 그 피를 바치는 제사를 드려야 했습니다만, 예수님께서 모든 인류의 죄를 단 한 번에 제물로 드리기 위해서 오셨던 것입니다. 사람들마다 수없이 드렸던 모든 제사를 대신하여 예수님께서 하나님의 아들로서 제물이 되셔서 십자가에서 죽으심으로써 단 한 번의 완전한 제사가 성취되었던 것입니다. 기독교는 바로 이 사실을 믿고 예수님을 생명으로 따라가는 사람들이 믿는 단 하나의 유일한 진리인 것입니다. 실로 예수님은 우리 인간들의 모든 죄를 씻어주시기 위해 이 땅에 내려오셨던 것입니다.

> "그리하면 그가 세상을 창조한 때부터 자주 고난을 받았어야 할 것이로되 이제 자기를 단번에 제물로 드려 죄를 없이 하시려고 세상 끝에 나타나셨느니라"(히 9:26)

3) 많은 기적을 베푸셨습니다.

예수님은 사람들을 위하여 많은 기적을 베푸셨습니다. 어떤 사람들은 예수님께서 행하신 놀라운 기적들이 지어낸 이야기라고 말하지만, 지어낸 이야기만으로 2,000여 년이 넘도록 그 복음이 전파될 수는 없습니다. 제자들과 그 이후의 성도들이 그런 체험들을 거듭 경험하고 있기 때문에 복음은 오늘날까지 온 세상에 흘러들어갔던 것입니다. 예수님께서 베푸신 것과 똑같은 것은 아니지만 오늘날에도 예수님 당시와 같은 기적들은 세계 곳곳에서 펼쳐지고 있습니다. 선교지에서 사람들의 질병이 고쳐지고 앉은뱅이가 일어나고 말 못하는 사람이 말을 하는 기적들은 여전히 나타나고 있습니다. 성경 속의 기적들이 사실이라고 믿을 수 있는 이유인 것입니다.

예수님은 신비한 기적들도 많이 베푸셨습니다. 굉장히 중요한 기적 중의 하나가 바로 오병이어(五餠二魚)의 기적입니다. 보리떡 다섯 개와 물고기 두 마리를 가지고 적어도 일만 명 이상을 배불리 먹게 하고도 열두 광주리에 음식이 남을 정도의 기적을 베푸셨습니다. 그래서 사람들은 예수님을 왕으로 모시고자 했지만 예수님은 그 자리를 피하셨습니다. 세상의 왕이 되어 다스리는 것은 예수님께서 오신 이유가 전혀 아니었던 것입니다.

"예수께서 떡 다섯 개와 물고기 두 마리를 가지사 하늘을 우러러 축사하시고 떡을 떼어 제자들에게 주어 사람들에게 나누어 주게 하시고 또 물고기 두 마리도 모든 사람에게 나누시매 다 배불리 먹고 남은 떡 조각과 물고기를 열두 바구니에 차게 거두었으며 떡을 먹은 남자는 오천 명이었더라"(막 6:41~44)

하지만 그런 기적 중에서도 가장 큰 기적은 따로 있습니다. 이미 살펴보았지만, 예수님께서 십자가에서 죽으신 후 마귀의 권세인 죽음을 이기시고 사흘 만에 다시 부활하신 것입니다. 다른 모든 기적들을 다 합쳐도 예수님의 부활 이상은 아닙니다. 죽음이란 인간뿐 아니라 모든 생명체에게 반드시 찾아오는데 그 죽음의 권세를 이기시고 부활하신 것입니다. 예수님의 부활을 믿으면 다른 모든 기적들도 믿는 것입니다.

> "자녀들은 혈과 육에 속하였으매 그도 또한 같은 모양으로 혈과 육을 함께 지니심은 죽음을 통하여 죽음의 세력을 잡은 자 곧 마귀를 멸하시며"(히 2:14)

4) 사람들의 문제를 해결해 주셨습니다.

기독교의 가장 핵심적인 기본정신은 사람들의 필요를 채워주는 것입니다. 문제를 해결해주고 더 나은 방향으로 나아가게 하며 근본적인 인간의 구원 문제를 도와줍니다. 그것은 바로 예수님으로부터 비롯된 것입니다. 현대교회에서 사회와 이웃에 대한 나눔과 섬김의 개념이 다소 희미해진 경향이 있지만, 예수님은 바로 우리의 이웃들에 대해서 사랑과 희생을 통하여 그들의 필요를 채워줄 것을 명하셨습니다. 물론 같은 사람인 우리가 이웃의 문제와 필요를 만족스럽게 해결해줄 수 있는 것은 아닙니다. 그러나 우리에게는 사랑의 하나님이 계시고 사람이 되심으로써 우리의 사정을 잘 아시는 예수님이 계십니다. 그래서 이웃의 문제를 하나님께 아뢸 수가 있는 것입니다.

하나님은 인간 스스로는 아무 것도 할 수 없는 죄 문제를 해결하시기 위해 아들 예수님을 인간의 육신 속으로 보내셨습니다. 사람이 할 수 없는 것을 하나님은 하십니다. 하나님은 사람을 도우실 수 있습니다. 물론 아무나 도움을 청하기만 하면 전부 다 들어주시는 것은 아닙니다. 앞의 기적의 이야기에서도 언급했지만 예수님을 생명으로 믿는 믿음이 전제되어야 합니다. 믿고 신뢰하고 의지하고 구하기만 하면 하나님은 우리의 피난처가 되어 주시고 힘이 되어 주시고 고난 중에 큰 도움을 주십니다. 하나님께서 하신 일은 바로 사람들의 필요를 채워주시고 요구를 들어주시는 일이었습니다.

"하나님은 우리의 피난처시요 힘이시니 환난 중에 만날 큰 도움이시라"(시 46:1)

그래서 예수님도 문제가 있는 사람들을 끊임없이 만나시고 그 문제를 해결해 주셨습니다. 각종 기적적인 일들은 모두 사람을 돕기 위해 행하신 것이었습니다. 백성들 중에서 어쩔 수 없는 사람들 곧 스스로의 힘으로는 아무것도 해결할 수 없는 사람들의 문제를 풀어주신 것이었습니다. 배고픈 사람들, 앞을 못 보는 사람들, 말하지 못하는 사람들, 걷지 못하는 사람들, 가족의 죽음을 슬퍼하는 사람들의 모든 문제를 해결해 주셨습니다.

예수님은 예수의 이름으로 무엇이든지 하나님께 구하라고 하셨습니다. 다만 예수님의 말씀 안에서만 가능하다고 하셨습니다. 허황된 욕심이나 자기의 뜻을 이루기 위한 기도나 예수님의 사랑과 배치되는 기도, 겉으로는 복음인데 속으로는 자기영광을 위한 기도 등 하나님의 뜻과 맞지 않는 기도에는 응답해 주실 수가 없습니다. 그러나 기본적으로 우리가 예수님을 믿고 신뢰하면서 전적으로 간절하게 기도하면 하나님은 다 들어주십니다. 예수님은 우리 인생의 여러 가지 문제들을 다 해결해 주실 수 있는 분입니다.

"너희가 내 안에 거하고 내 말이 너희 안에 거하면 무엇이든지 원하는 대로 구하라 그리하면 이루리라"(요 15:7)

다만 그런 육신적인 문제들만을 도우신 것은 아니었습니다. 예수님은 방황 속에서 헤어나지 못하던 사마리아 우물가의 여인을 도와 구원의 길에 들어가게 하셨습니다. 겉으로는 먹을 것, 입을 것, 생활에 필요한 것으로 보여도 내면적으로는 영적인 문제인 경우가 굉장히 많습니다. 당시 유대인들이 가지 않는 사마리아로 가신 예수님께서 만난 이 여인은 사람들의 눈을 피해 대낮에 물을 길으러 나왔습니다. 이 여인은 남편이 다섯이나 있었는데 지금 있는 사람은 남편은 아니었습니다. 이 여인의 문제는 방탕한 생활인 것 같지만 예수님은 그것이 아니라 구원의 문제라는 사실을 아셨습니다. 결국 예수님의 신분을 이야기하셨고 몇 가지 천국복음을 말씀하셨을 때 이 여인은 자기의 문제를 해결할 수 있었습니다. 이 여인은 스스로 예수님을 그리스도라고 전파하게 되었습니다. 정신의 문제, 구원의 문제까지 예수님은 다 처리해 주셨습니다.

"여자가 물동이를 버려두고 동네로 들어가서 사람들에게 이르되 내가 행한 모든 일을 내게 말한 사람을 와서 보라 이는 그리스도가 아니냐 하니"(요 4:28~29)

예수님은 육신적인 문제뿐 아니라 귀신을 쫓아내야 하는 것과 같은 영적인 모든 문제를 해결해주셨습니다. 성경에는 백성들을 괴롭게 하는 숱한 귀신들을 내쫓아주신 기록이 많이 있습니다. 그러나 탐심에서 비롯된 요구에는 도움이 아니라 책망을 하신 것을 알아야 합니다. 자기 형이 유산을 나누게 해달라고 요청한 사람에게 예수님은 근본적으로 문제를 해결할 수 있게 하셨습니다. 그 사람에게는 유산을 나누어 받는 일보다 탐심을 물리치는 일이 훨씬 더 큰 복이 될 것입니다. 배가 고프다고 떡을 하나 더 주시는 것이 아니라 그 사람에게 근본적으로 필요한 것을 아시는 예수님께서는 자신의 진정한 필요를 알지 못하는 사람들에게 그것을 가르쳐주신 것입니다. 지금도 우리를 통하여 무엇인가 결핍된 사람들을 예수님은 돕고 계십니다.

"무리 중에 한 사람이 이르되 선생님 내 형을 명하여 유산을 나와 나누게 하소서 하니 이르시되 이 사람아 누가 나를 너희의 재판장이나 물건 나누는 자로 세웠느냐 하시고 그들에게 이르시되 삼가 모든 탐심을 물리치라 사람의 생명이 그 소유의 넉넉한 데 있지 아니하니라 하시고"(눅 12:13~15)

예수님의 말씀은 분명합니다. 예수님을 믿으면서도 여전히 어린아이와 같이 무엇인가를 받기만을 기다리는 모습이 아니라 오히려 우리에게 다른 사람의 필요에 귀를 기울이고 우리가 할 수 있는 것으로 도와주라는 말씀입니다. 그래서 예수님이 곧 복음이라고 하는 것입니다. 물론 우리가 절실하게 필요할 때 주님은 우리를 도우시고 문제를 해결해주십니다. 그러나 우리도 천국복음을 소유하고 있으므로 그 복음에 맞는 행동을 보여야 합니다. 다만 예수님은 인생의 모든 문제의 해결자라는 사실을 믿고 주님의 뜻 안에서 마음껏 구할 수 있어야 하겠습니다.

5) 신앙을 개혁해 주셨습니다.

아무리 근본적으로 생명과 같은 복음이라도 그것을 지키기 위해서 제도가 생기고 세월이 흘러가면 일반 종교적인 모습이나 세속적인 목표로 인하여 훼손되게 되어 있습니다. 지금 기독교도 비슷하지만, 당시 이스라엘의 신앙이 그렇게 손상된 상태였습니다. 유대인들은 오직 자기들만이 하나님의 율법을 받아가지고 있으므로 타민족에 대해서 굉장히 배타적인 태도를 가지고 있었습니다. 그러나 그것은 하나님의 율법을 잘못 해석하거나 하나님의 뜻과는 다른 방향으로 가고 있다는 사실을 인식하지 못하게 만들었습니다. 예수님은 당연히 인간의 죄 씻음과 구원을 위한 천국복음으로 오셨지만 하나님의 선민이라는 이스라엘은 그리스도이신 예수님을 알아볼 수가 없었습니다. 예수님께서 하신 일들 중에 또 다른 중요한 일이 바로 그것이었습니다. 유대인들이 잘못 알고 있거나 욕심으로 가리고 있는 진리들을 깨우쳐주시는 일이었습니다.

그러므로 예수님께서 가르치고 선포하셨던 말씀들은 단순한 구원의 복음이 아니라 그 당시 이스라엘 사람들의 여호와 신앙을 개혁하신 것이었습니다. 그들은 하나님의 말씀을 너무나도 크게 오해하고 있었기 때문입니다. 그들이 아무리 뛰어나다고 해도 율법을 주신 하나님의 아들 예수님을 넘어갈 수는 없습니다. 예수님께서 하신 일은 바로 그런 잘못을 깨우쳐주시고 후일에 믿을 우리들에게 가르침을 주신 것이었습니다. 지금도 예수님은 누군가를 통해서 개혁을 이루고 계십니다.

"하나님은 죽은 자의 하나님이 아니요 산 자의 하나님이시라 너희가 크게 오해하였도다 하시니라"(막 12:27)

이스라엘의 선생들은 모세가 만들어준 율법 속에 들어있는 하나님의 마음은 까맣게 잊어버린 채 오로지 율법을 문자 그대로 지키고 가르치는 데에만 집중하고 있었습니다. 하나님은 어떤 행동 자체보다는 그 행동의 동기가 되는 마음에 더 관심이 크십니다. 겉으로 아무리 선한 일을 많이 한 것 같아도 그 마음이 예수님의 마음으로부터 우러나오지 않는 것이라면 예수님은 결코 인정하지 않으십니다. 하나님께서 주신 율법은 하나님의 백성으로서 지켜야 하는 '최소한'의 테두리였습니다. 그러나 유대인들은 하나님의 율법이 '최상'이라고 생각했습니다. 그래서 겉으로 드러나는 법 조문대로 지키기만 하면 하나님의 의를 만족시키는 것이라고 생각했습니다.

그러므로 그들은 원래 주신 율법에 수많은 조항들을 덧붙여서 그 율법이 백성들을 옭아매도록 해 버렸습니다. 그래서 신앙이 크게 변질되어 있었던 것입니다. 살아있는 복음이 아니라 법 조문 속에 갇힌 종교가 되어 있었습니다. 하나님은 세리와 죄인들을 불쌍히 여기시지만 그들은 거부했습니다. 왜냐하면 세리와 죄인들은 부정한 존재들이라고 생각했기 때문이었습니다. 그러나 예수님은 오히려 스스로를 죄인이라고 생각했던 세리나 죄인들에게 찾아오신 분이었습니다. 겉으로 율법을 지키므로 스스로를 의인이라고 생각했던 바리새인들에게는 예수님께서 계실 자리가 없었습니다. 그리하여 바리새인들은 예수님을 향하여 부정한 죄인들이나 세리들과 먹고 마시므로 메시아가 될 수 없다고 생각했습니다. 예수님이 하신 일은 바로 그런 신앙을 개혁하시는 것이었습니다.

> "바리새인과 그들의 서기관들이 그 제자들을 비방하여 이르되 너희가 어찌하여 세리와 죄인과 함께 먹고 마시느냐"(눅 5:30)

예수님의 개혁운동 가운데에 핵심적인 부분은 그 당시 이스라엘의 종교지도자들에 대한 것이었습니다. 올바른 율법신앙이라도 제도가 생기고 사회적인 질서가 생기면 그 시스템 속에 신앙이 묻혀버리게 되어 있습니다. 지금 기독교에도 마찬가지 현상이 나타나고 있습니다만, 예수님은 바로 그런 지도자들 때문에 참된 신앙이 훼손된다고 지적하신 것이었습니다. 그렇게 되면 거기에 반드시 권력욕구와 탐욕이 자리 잡게 되어 있습니다. 최고 지도자들이 그 자리를 내려놓지 않는 이상 본래의 신앙으로 돌아갈 확률은 거의 사라지고 맙니다. 예수님도 바로 그런 점을 가르쳐주신 것이었습니다. 당시 지도자들은 스스로 하나님의 자리에 앉아서 전권을 움켜쥐고 있었습니다. 그런 비뚤어진 신앙관을 가지고 있었기 때문에 예수님을 죽이는 데 앞장섰던 것입니다. 그래서 예수님은 그들을 가리켜 모세의 자리에 앉아서 하나님과 백성들을 가로막고 있다고 비판하셨습니다.

"서기관들과 바리새인들이 모세의 자리에 앉았으니"(마 23:2)

그런 모든 오류의 결과가 성전에서 제사용 동전을 환전해주거나 비둘기 등 제물을 파는 행위들로 나타났습니다. 물론 먼 거리에서 제사 지내러 오는 사람들의 편의를 위해서 시작되었지만 거기에 이권이 개입되어 있음을 지적하신 것이었습니다. 그래서 예수님은 일부러 분노하시고 장사하는 사람들을 내쫓으시며 잘못된 일들을 고치고자 하셨습니다. 하지만 이것은 제도를 개혁하는 것이 아니라 신앙의 본질을 개혁하시는 일이었습니다. 장사하는 사람들이 아니라 그 장사를 하도록 꾸미고 관리하고 이익을 취하는 종교지도자들에 대한 비판이었던 것입니다. 성전은 본래 기도하고 제사 드리고 예배하기 위해서 지어진 특별한 장소입니다. 그런데 그 집을 오히려 돈이 왔다 갔다 하는 장사들의 소굴로 만들었다는 것입니다. 그 당시에도 예수님은 신앙을 개혁하는 일을 행하셨지만 지금도 여전히 그릇된 신앙을 개혁하는 일을 하고 계십니다.

> "성전에 들어가사 장사하는 자들을 내쫓으시며 그들에게 이르시되 기록된 바 내 집은 기도하는 집이 되리라 하였거늘 너희는 강도의 소굴을 만들었도다 하시니라"(눅 19:45~46)

예수님은 인간의 내면을 아시고 부패한 부분을 고치기 위해 가르치고 비판하고 본을 보이셨습니다. 선행도 구제도 섬김도 자기를 위한 어떤 의도에서 출발했다면 그것은 예수님이 보시기에 악한 생각입니다. 기독교 신앙은 철저하게 예수님 중심으로 흘러가야 합니다. 예수님의 마음을 품고 예수님께서 기뻐하시는 일을 마음을 다해 행하고 예수님께서 좋아하지 않으실 일은 목숨을 걸고라도 행하지 말아야 합니다. 모든 삶의 기준이 예수님이어야 합니다. 모두들 말로는 그렇게 하면서 속으로는 자기욕심을 차리고 자존심을 앞세우기 때문에 신앙의 본질이 훼손되는 것입니다. 예수님의 말씀으로 돌아가서 그 말씀 속에 담겨있는 예수님의 마음을 깨달아 알고 그것을 기준으로 살아가야 합니다. 그것이 그 당시 여호와 신앙을 개혁하신 예수님을 따라가는 온전한 길인 것입니다.

"예수께서 그 생각을 아시고 이르시되 너희가 어찌하여 마음에 악한 생각을 하느냐"(마 9:4)

4
예수님은 지금 무엇을 하고 계실까요?

이제 이 땅에는 예수님이 안 계십니다.
지금은 하늘나라에서 하나님 우편에 계십니다.
죽음에서 부활하신 후 하늘로 가셨습니다.
그러면 이제는 아무 것도 안 하실까요?
아닙니다. 오히려 더 많이 일하십니다.
지상에 계실 때에는 육신을 입으셨으므로
활동이 제한적일 수밖에 없었습니다.
하지만 이제는 성령님으로 활동하시므로
훨씬 큰일을 전 세계 곳곳에서 하십니다.
수많은 사람들 속에서 동시에 일하십니다.

1) 잃어버린 양을 찾고 계십니다.

예수님은 지금도 우리가 하나님의 품으로 돌아오기를 기다리고 계십니다. 우리가 하나님께서 창조하신 피조물이기 때문입니다. 부모가 자식을 사랑하듯이 하나님도 그분의 백성들을 너무나도 사랑하십니다. 그래서 성경은 예수님을 목자로, 사람들을 양으로 표현하고 있습니다. 왜냐하면 이스라엘은 기본적으로 유목민들이었으므로 목자와 양의 관계를 너무나도 잘 이해하고 있었기 때문입니다. 그래서 예수님은 스스로를 선한 목자라고 말씀하셨던 것입니다.

양들의 입장에서 보면 목자는 자기들의 목숨이 달려있는 절대적인 존재입니다. 목자가 없으면 양들은 들판에서 죽은 것과 마찬가지입니다. 이런 양들의 상황을 너무나도 잘 알고 있고 그래서 최악의 경우에는 자기 목숨까지도 버릴 수 있는 목자가 바로 선한 목자입니다. 그분이 바로 예수님이십니다. 예수님은 지금도 여전히 양들을 구원하고 계십니다.

"나는 선한 목자라 선한 목자는 양들을 위하여 목숨을 버리거니와"(요 10:11)

그래서 예수님은 아직 하나님을 모르는 사람들을 볼 때에 목자 없는 양으로 보시는 것입니다. 왜냐하면 아무데도 의지할 곳 없는 양이 바로 목자 없는 양이기 때문입니다. 예수님을 아직 못 만난 사람들은 전부 다 목자 없는 양들입니다. 자신들은 느끼지 못하겠지만 단지 이리저리 세상에 휘둘리면서 흘러가는 대로 몸을 맡길 수밖에 없는 사람들입니다. 예수님께서 포기하신다면 그들은 어디로 가겠습니까? 결국 양들이 맹수의 먹이가 되는 것처럼 영벌을 향해 달려가고 있을 뿐입니다. 예수님은 지금도 우리 믿는 백성들을 통하여 예수님의 양들을 찾고 계십니다. 우리는 그 일에 쓰임 받아야 할 것입니다.

"예수께서 나오사 큰 무리를 보시고 그 목자 없는 양 같음으로 인하여 불쌍히 여기사 이에 여러 가지로 가르치시더라"(막 6:34)

예수님은 지금 여러 가지 방법으로 당신을 찾고 계십니다. 기독교 2천여 년의 역사는 바로 이 잃어버린 한 마리 양을 찾으시는 예수님의 역사였습니다. 기독교라는 종교 속에서 수많은 굴곡들과 허물들이 있어왔지만 그 가운데에서 예수님은 꾸준히 그리스도인들을 통하여 그 일을 계속해 오셨습니다. 여전히 사람들의 마음 문을 두드리고 계십니다. 그 음성이 들리는 사람은 하나님의 자녀가 되고 천국백성이 될 것이요 아무리 두드리고 전해도 듣지 못하는 사람은 멸망의 백성들이 될 수밖에 없습니다. 예수님은 지금도 심령의 문을 두드리고 계십니다.

> "볼지어다 내가 문 밖에 서서 두드리노니 누구든지 내 음성을 듣고 문을 열면 내가 그에게로 들어가 그와 더불어 먹고 그는 나와 더불어 먹으리라"(계 3:20)

그러면 예수님께서 언제까지 당신을 찾으실까요? 예수님은 당신이 믿고 회개하고 구원받을 때까지 끝까지 찾고 기다리십니다. 물론 결과는 사람이 선택해야 하지만 적어도 예수님께서 아직도 계속해서 기다리고 계시는 것만은 틀림이 없습니다. 인간구원은 중도에 포기하실 수 없는 하나님의 사랑인 것입니다. 사람들은 거기에 귀를 기울이지 않고 넘겨버리지만 예수님은 그 사람을 위하여 목숨까지 버리셨습니다.

> "너희 중에 어떤 사람이 양 백 마리가 있는데 그 중의 하나를 잃으면 아흔아홉 마리를 들에 두고 그 잃은 것을 찾아내기까

지 찾아다니지 아니하겠느냐"(눅 15:4)

2) 예수님은 지금 우리와 함께 계십니다.

예수님의 사랑이 진짜 사랑이라면 잃어버린 양을 찾아내는 데에서 그치지는 않을 것입니다. 목자가 사랑하고 아끼는 양을 찾았다면 그 양과 영원토록 함께 하십니다. 비록 주인이신 목자를 찾아놓고도 중간에 떠나버린 것처럼, 곧 예수님이 안 계신 것처럼 살아가는 사람들이 많이 있지만, 그럼에도 불구하고 예수님은 성도와 항상 함께 하고 계십니다. 그래서 예수님의 또 다른 이름은 임마누엘입니다. 임마누엘은 '하나님께서 우리와 함께 계신다'는 뜻입니다. 하나님께서 함께 하시기 위해 예수님을 이 땅에 보내신 것입니다.

"보라 처녀가 잉태하여 아들을 낳을 것이요 그의 이름은 임마누엘이라 하리라 하셨으니 이를 번역한즉 하나님이 우리와 함께 계시다 함이라"(마 1:23)

그러면 예수님은 지금 우리와 어떤 방식으로 함께 하시는 것일까요? 이미 육체를 가지신 예수님은 이 세상에 존재하지 않으십니다. 그런데 어떻게 우리 심령 가운데 거하시며, 더군다나 수많은 사람들의 심령 속에 어떻게 동시에 계실 수가 있단 말입니까? 그것이 하나님의 신비입니다. 하나님은 그것을 위하여 하나님의 영 곧 그리스도의 영이라 불리는 성령님을 보내셨습니다.

예수님은 3년여 동안 육신을 가지고 사람들과 함께 하시다가 십자가에서 죽으셨고 그 후에 다시 살아나셔서 승천하셨고, 지금은 성령님으로 우리 속에 함께 거하고 계십니다. 부활하신 예수님께서 하늘나라로 가시면서 보혜사(돕는 분) 성령님을 보내시겠다고 약속하셨고 그 약속대로 성령님께서 오셨습니다. 보혜사 성령님은 유일한 진리의 영이시며 믿는 백성들과 영원토록 함께 하는 분이십니다. 믿는 사람들은 성령님께서 그 안에 거하심으로써 성령님을 안다고 하셨습니다. 성령님은 우리 속에 항상 내주하시는 분이십니다.

> "내가 아버지께 구하겠으니 그가 또 다른 보혜사를 너희에게 주사 영원토록 너희와 함께 있게 하리니 그는 진리의 영이라 세상은 능히 그를 받지 못하나니 이는 그를 보지도 못하고 알지도 못함이라 그러나 너희는 그를 아나니 그는 너희와 함께 거하심이요 또 너희 속에 계시겠음이라"(요 14:16~17)

성령님은 우리와 함께 계시거나 우리 옆에 계시는 정도가 아니라 아예 우리 안에 함께 거하십니다. 예수님이 우리 안에 거하시고 우리가 예수님 안에 거합니다. 이것이 그리스도인의 진정한 의미입니다. 성령님께서 우리 안에 거하지 않으시면 아직 그리스도인이 아닙니다. 자기의지로 교회를 선택하여 믿는 인위적인 예수님일 뿐입니다. 그것이 다른 종교와의 근본적인 차이점입니다. 예수님께서 우리 안에 계신다는 말은 우리가 예수님 안에 거한다는 말과 같은 의미라야 합니다. 그래서 우리는 예수의 영을 가진 예수님의 사람인 것입니다.

"그의 성령을 우리에게 주시므로 우리가 그 안에 거하고 그가 우리 안에 거하시는 줄을 아느니라"(요일 4:13)

그래서 성경에는 우리 몸 자체가 성령께서 계신 성전이라고 이야기하는 것입니다. 그러니까 지금 예수님은 성령님으로 인하여 우리와 24시간 함께 하시는 것입니다. 다만 우리의 의식과 생각에 따라 충만하게 계실 수도 있고 지극히 작은 부분만 계실 수도 있습니다. 당연히 예수님은 충만하게 거하시지만, 우리 그리스인들이 자기 생각을 버리고 스스로의 존재를 비울 때에 그렇게 될 수 있는 것입니다. 자기중심적으로만 하나님을 생각하면 자신의 좁은 생각 안에만 하나님이 계십니다. 그러나 하나님 중심적으로 생각하고 행동하면 그 사람에게는 늘 하나님께서, 곧 성령님께서 충만하게 거하시는 것입니다.

"너희는 너희가 하나님의 성전인 것과 하나님의 성령이 너희 안에 계시는 것을 알지 못하느냐"(고전 3:16)

예수님은 이 세상의 종말이 올 때까지 우리와 함께 하겠다고 약속하셨습니다. 분명히 말씀하셨습니다. 우리는 물론 육체의 목숨이 끊어질 때가 옵니다만, 주님께서 재림하실 마지막 때까지 항상 함께 계십니다. 우리가 지금도 복음을 전파하고 예수님을 믿도록 전도하고 살아갈 수 있는 이유가 바로 이 약속 때문입니다. 예수님을 직접 눈으로 볼 수는 없지만 예수님은 언제까지나 우리 안에 거하시면서 함께 계십니다. 그렇지 않으면 기독교 신앙은 존재할 수가 없을 것입니다. 주님은 지금도 왕성하게 일하고 계십니다.

"그러므로 너희는 가서 모든 민족을 제자로 삼아 아버지와 아들과 성령의 이름으로 세례를 베풀고 내가 너희에게 분부한 모든 것을 가르쳐 지키게 하라 볼지어다 내가 세상 끝날까지 너희와 항상 함께 있으리라 하시니라"(마 28:19~20)

3) 세상의 빛이 되어주고 계십니다.

빛은 여러 가지 중요한 기능을 가지고 있습니다. 우선 빛은 어둠을 환하게 밝힘으로써 어둠 속의 더러운 것들이 드러나도록 합니다. 어둠 속에서 분간하지 못하던 것을 명확하게 분별할 수 있게 해 줍니다. 마찬가지로 영적으로 빛이 비치면 속에 품고 있던 죄악들이 다 드러납니다. 무엇이 죄이고 의인지, 어떤 가치가 본질인지, 거짓과 진실이 전부 드러납니다. 그래서 예수님을 믿게 되면 빛이 마음속을 비춤으로써 자기 죄를 깨닫게 되고 회개하게 되는 것입니다.

그리고 빛은 아름다움과 추함을 밝혀줍니다. 현란한 색깔과 신비한 모양 등 어둠 속에서는 전혀 느끼지 못하던 선함과 사랑과 배려와 기도 등 아름다운 모든 것을 분명하게 비춰줍니다. 그리고 더욱 중요한 것은 빛은 생명을 준다는 사실입니다. 어둠 속에서도 때로 생명이 존재하지만 빛에서만큼 활발하거나 왕성하지는 못합니다. 빛이 없다면 거의 대부분의 생명체가 사라질 것입니다. 예수님은 인류에게 그 빛을 비추어 주고 계십니다. 빛이 거하게 되면 다시는 어둠 속으로 돌아가지 못합니다.

"나는 빛으로 세상에 왔나니 무릇 나를 믿는 자로 어둠에 거하지 않게 하려 함이로라"(요 12:46)

하지만 많은 경우에 빛이 비쳐도 어둠속에 있던 대부분의 사람들은 깨닫지를 못합니다. 왜 그렇겠습니까? 빛이 그렇게 좋은 것이라면, 당연히 빛을 찾아서 달려 나와야 되지 않겠습니까? 그러나 많은 사람들은 계속 어둠 속에 거하려고 합니다. 그렇게 어둠 속에서만 있으려고 하는 이유가 있습니다. 우선은 그 어둠에 너무 친숙하게 되었기 때문입니다. 또한 빛으로 나오는 것이 고통스럽기 때문입니다. 빛으로 나가는 것이 좋은 줄을 알아도 빛으로 가는 길은 고통스러운 길입니다. 그래서 그들은 오히려 빛과의 싸움을 선택합니다. 어둠에 익숙해지고 어둠 속에서 권력과 부귀를 얻게 되면 더 이상 다른 좋은 것이 필요가 없어집니다. 예수님은 이런 사람들에게 계속 빛으로서 역할을 하고 계시는 것입니다. 우리는 바로 예수님의 빛 된 사명을 함께 공유하고 있는 것입니다.

"빛이 어둠에 비치되 어둠이 깨닫지 못하더라"(요 1:5)

그 중에서도 빛을 깨닫는 사람들은 생명을 얻게 됩니다. 그들은 성도가 되는 것입니다. 성도가 된다는 말은 생명 곧 영생을 얻는다는 말입니다. 단지 바른 삶을 살고 남에게 유익을 주는 삶을 살았다고 해서 세상의 빛이신 예수님을 소유하고 있는 것은 아닙니다. 다른 종교를 믿거나 아무 것도 믿지 않는 사람도 착하고 선하게 살 수 있기 때문입니다. 오직 세상의 빛이 되어주고 계시는 예수 그리스도만이 생명과 사망을 결정하십니다. 왜냐하면 세상의 빛 되시는 예수님을 통해서만이 생명을 얻을 수 있기 때문입니다. 일단 세상의 빛을 따르는 사람들은 더 이상 어둠에 다니지 않게 됩니다.

"나는 세상의 빛이니 나를 따르는 자는 어둠에 다니지 아니하고 생명의 빛을 얻으리라"(요 8:12)

그런데 여기에서 중요한 점은 빛은 일부러 숨기지 않는 이상 드러나게 된다는 것입니다. 우리가 세상의 빛이라는 말씀은 빛 된 삶을 살라는 것입니다. 우리가 빛으로 세상을 살면 우리가 특별하게 무엇을 행하지 않아도 우리는 드러나게 되어 있습니다. 우리가 세상의 빛이라는 말씀은 우리가 세상의 기준이 되어야 한다는 뜻입니다. 흑암과 혼돈 가운데 온 세상이 빠져있을지라도 우리가 예수님을 따라 빛 된 삶을 산다면 자연스럽게 우리는 세상의 소망이 될 것입니다.

"너희는 세상의 빛이라 산 위에 있는 동네가 숨겨지지 못할 것이요"(마 5:14)

그러나 기독교인을 향하여 세상의 빛이라고 하는 말씀은 하나님의 빛을 비추는 반사체가 된다는 뜻이지 스스로가 빛이 되라는 말씀은 아닙니다. 하나님은 원래 빛의 근원이시기 때문입니다. 성도는 스스로 발광체가 아니라 반사체입니다. 아무리 착한 일을 많이 하고 진리의 길을 간다고 할지라도 그 자체가 빛이 되는 것은 아닙니다. 우리는 우리의 삶을 통하여 예수님의 빛을 드러내는 사람들입니다. 우리는 우리의 내면을 예수님의 빛이 더 잘 반사되도록 우리를 비워야 합니다. 욕심과 탐욕과 부정과 자존심이 채워져 있으면 그 반사체는 더러워서 예수님의 빛을 반사할 수가 없습니다.

"우리가 그에게서 듣고 너희에게 전하는 소식은 이것이니 곧 하나님은 빛이시라 그에게는 어둠이 조금도 없으시다는 것이니라"(요일 1:5)

성도가 세상의 빛이 되려면 착한 행실을 보여야 합니다. 도와주고 양보하고 희생하는 것입니다. 그것은 형제사랑과 이웃사랑입니다. 성경에는 착한 행실이라고 했지만 단순히 도덕적이고 희생적인 행동만을 말하는 것이 아닙니다. 착한 행실이란 모든 사람들이 우리가 하나님의 자녀들이라는 사실을 아는 상태에서 행하는 것, 곧 예수님의 이름으로 많은 사람들을 돌보고 나누고 섬기는 것을 말하는 것입니다. 그렇게 할 때에 우리는 반사체가 되어 예수님의 빛을 비출 수가 있게 되는 것입니다. 자기 이름을 드러내려고 하거나 더 높아지거나 명예를 추구한다면 아무리 착한 일을 많이 해도 하나님께서 영광을 받으실 수가 없습니다. 일의 결과보다는 동기나 과정이 훨씬 중요한 것입니다.

"이같이 너희 빛이 사람 앞에 비치게 하여 그들로 너희 착한 행실을 보고 하늘에 계신 너희 아버지께 영광을 돌리게 하라"(마 5:16)

지금 예수님께서 세상의 빛이 되어주고 계시지 않는다면 성도가 세상의 빛이 될 수가 없습니다. 마지막으로 성도들이 예수님을 따라 세상의 빛이 될 수 있기 위해서는 지속적으로 우리의 내면이 어둡지 않은지를 살펴야 합니다. 비록 예수님의 십자가 피로 인하여 죄 씻음을 받았지만 우리는 여전히 육체를 가지고 있으므로 그 빛을 훼방하는 수많은 요소들이 우리를 공격할 수 있습니다. 교회에서 예배를 드리고 기도하고 말씀을 읽고 봉사하는 이유는 하나님 앞에서 자기를 비우기 위해서입니다. 말씀을 읽고 쓰고 묵상하는 목적도 우리의 내면의 어둠을 비춰보기 위해서입니다. 말씀은 영혼의 거울입니다. 우리는 우리의 내면이 어둡지 않은지를 날마다 살펴보는 사람들입니다.

"그러므로 네 속에 있는 빛이 어둡지 아니한가 보라"(눅 11:35)

4) 기도에 응답하고 계십니다.

하나님은 여러 가지 통로를 통하여 사람과 교제하고자 하십니다. 일찍이 하나님과 사람 사이의 관계는 죄로 인하여 멀어져버렸습니다. 그 후로 하나님은 주로 제사를 통하여 사람과 교제해오시다가 예수님의 부활 후에 성령님께서 우리 속에 거하심으로써 나아가야 할 길을 가르쳐주십니다. 그러나 하나님과 교제할 수 있는 주요 통로는 여전히 기도입니다. 예수님은 언제나 기도를 통하여 사람과 교통하시며 기도를 들으시고 응답해주십니다. 성도가 무엇이든지 기도하고 구하면 하나님은 반드시 듣고 계십니다. 기도응답은 우리에게 가장 좋은 것으로 주십니다. 우리가 생각하기에 아닌 것 같아도 하나님께서 보시기에 가장 좋은 것으로 주시는 것만은 틀림이 없습니다.

> "우리가 무엇이든지 구하는 바를 들으시는 줄을 안즉 우리가 그에게 구한 그것을 얻은 줄을 또한 아느니라"(요일 5:15)

사도 요한이 직접 보았던 하나님의 계시에 의하면 성도들의 기도는 하늘에 향이 되어 올라가고 예수님(어린 양)은 그 기도를 듣고 계십니다. 성도의 기도가 하나님의 나라에서 얼마나 중요하게 여겨지는지를 알 수 있을 것입니다. 올바르게 기도하고 간절하게 간구하면 하나님은 그 기도에 귀를 기울이고 계시는 것이 틀림이 없습니다. 그 모든 과정 속에서 예수님은 모든 역할을 다하고 계십니다. 하나님의 아들이신 예수님은 이 땅에 계실 때에 제자들과 수많은 백성들의 요구를 전부 다 직접 듣고 응답해주셨습니다. 지금도 예수님은 우리의 기도에 귀를 기울이고 계십니다.

> "그 두루마리를 취하시매 네 생물과 이십사 장로들이 그 어린 양 앞에 엎드려 각각 거문고와 향이 가득한 금 대접을 가졌으니 이 향은 성도의 기도들이라"(계 5:8)

더 나아가 예수님의 이름으로 기도하면 예수님께서 다 행하리라고 약속하셨는데 그 이유는 예수님의 응답이 하나님께 영광이 되기 때문이라고 하십니다. 하나님은 예수님께서 우리 기도를 들으시고 응답해주시면 큰 영광을 받으십니다. 그것이 예수님께서 기도를 들어 응답해주시는 주요 목적이라는 말씀입니다. 그러므로 하나님께 영광을 돌리기 위해서라도 진실한 기도를 드릴 수 있어야 하겠습니다.

> "너희가 내 이름으로 무엇을 구하든지 내가 행하리니 이는 아버지로 하여금 아들로 말미암아 영광을 받으시게 하려 함이라 내 이름으로 무엇이든지 내게 구하면 내가 행하리라"(요

14:13~14)

그래서 하나님께서 응답하실 때에는 예수님의 이름으로 주시는 것입니다. 예수님께서 행하실 때 하나님께서 영광을 받으시기 때문입니다. 그렇게 하셔야 인간의 구원자, 그리스도로서 예수님을 사람들에게 드러내실 수 있기 때문입니다. 하나님은 예수님 이외에는 이 세상에 구원자를 주신 적이 없습니다. 예수님의 일이 사람들에게 많이 알려질수록 하나님은 더욱 더 영광을 받으십니다. 그래서 하나님은 예수님의 이름으로 응답하시는 것입니다. 기도할 때에도 예수님의 이름으로 기도하고 응답하실 때에도 예수님의 이름으로 주시는 것입니다.

"그 날에는 너희가 아무 것도 내게 묻지 아니하리라 내가 진실로 진실로 너희에게 이르노니 너희가 무엇이든지 아버지께 구하는 것을 내 이름으로 주시리라"(요 16:23)

하지만 무조건 기도만 한다고 되는 것은 아닙니다. 기본적으로는 하나님의 말씀을 마음속에 품고 그 말씀대로 살려고 해야 합니다. 예수님의 말씀을 벗어나는 기도에는 예수님께서 응답하실 수가 없습니다. 그래서 기도할 때에는 말씀을 근거로 하여 간구하면 응답을 더 잘 해주시는 것입니다. 자기 욕심이나 다른 목적이나 자기 영광을 위한 기도는 하나님께서 전혀 듣지 않으십니다. 사람은 어리석어서 이것을 잘 분별하지 못할 때가 많이 있습니다. 항상 말씀 안에서 기도의 방향과 목적을 잘 구분해야 할 것입니다.

> "너희가 내 안에 거하고 내 말이 너희 안에 거하면 무엇이든지 원하는 대로 구하라 그리하면 이루리라"(요 15:7)

그리고 하나님께서 주실 것을 믿고 기도하면 반드시 그대로 응답하시리라고 약속해 주십니다. 그런 조건 곧 하나님의 뜻 안에서 하나님의 방식대로 무엇을 구하면 반드시 들으실 줄 믿어야 합니다. 말씀이 우리 속에 거하고 우리가 예수님 안에 거하며 우리의 내면이 충만한 상태에서는 어떤 기도도 다 응답해주십니다. 기도응답 자체가 중요한 것이 아니라 예수님께서 우리 안에 얼마나 채워져 있는가 하는 점이 중요한 것입니다.

> "그러므로 내가 너희에게 말하노니 무엇이든지 기도하고 구하는 것은 받은 줄로 믿으라 그리하면 너희에게 그대로 되리

라"(막 11:24)

5) 평안과 안식을 베풀고 계십니다.

사람은 누구나 평화, 평안을 원합니다. 보통 평안, 안녕이라고 하면 어떤 조건이 맞았을 때의 상태를 뜻합니다. 하지만 성경에서의 평안은 조건이나 환경과 관계없이 고난 가운데에서도 누릴 수 있는 평안입니다. 우리가 자주 듣는 '샬롬'(Shalom)이라는 히브리어가 바로 평안을 뜻합니다. 전체적으로 온전한 상태를 뜻하는 것이기 때문에 상황과 관계없이 누리는 평화를 말하는 것입니다. 예수님은 부활하신 후 큰 근심과 두려움 가운데 찾아온 여성도들에게 평안하라고 말씀하셨습니다. 권력자들이나 군인들이나 주변 사람들이 적대적이었고 사람들의 눈을 피해야 하는 상황이었기 때문에 불안한 상태였음에도 평안을 주겠다고 말씀하셨던 것입니다.

"예수께서 그들을 만나 이르시되 평안하냐 하시거늘 여자들이 나아가 그 발을 붙잡고 경배하니"(마 28:9)

예수님은 바로 그런 평안과 쉼을 베풀고 계십니다. 그

평안은 원하는 조건이 충족되었을 때의 세상적인 평안이 아니라 모든 문제와 여건을 전부 하나님께 맡겼을 때, 곧 조건을 초월한 평안을 말씀하시는 것입니다. 생명의 주인이신 예수님이 우리의 주인 되신다면 아무리 어려운 상황이 우리를 덮치더라도 우리는 안전할 수 있습니다. 만약에 안전하지 못하더라도 우리는 영생을 소유했으므로 주님 안에서 평안을 누릴 수 있는 것입니다. 예수님은 지금도 여전히 우리 성도들을 위해서 일하고 계십니다.

"평안을 너희에게 끼치노니 곧 나의 평안을 너희에게 주노라 내가 너희에게 주는 것은 세상이 주는 것과 같지 아니하니라 너희는 마음에 근심하지도 말고 두려워하지도 말라"(요 14:27)

사람이란 누구나 수고하고 무거운 짐을 지고 가는 존재들입니다. 그 무거운 짐들을 전부 예수님께 맡길 때 진정한 안식이 오는 것입니다. 무거운 짐이 없어지는 것이 아니라 그 짐을 예수님께 내려놓으라는 것입니다. 아무리 예수님을 믿는 성도들이라고 해도 세상은 날이 갈수록 불안해지고 있는 것은 사실입니다. 그렇기 때문에 우리를 위해 지금도 일하고 계시는 예수님께 모든 것을 맡겨야 합니다. 우리가 예수님의 사명을 감당하고 있으면 더 힘이 들 것 같지만 예수님은 우리에게 가벼운 짐을 지게 하시고 함께 동행하십니다. 그러므로 우리는 모든 경우에 예수님으로 인하여 쉼을 누릴 수 있게 되는 것입니다.

> "수고하고 무거운 짐 진 자들아 다 내게로 오라 내가 너희를 쉬게 하리라 나는 마음이 온유하고 겸손하니 나의 멍에를 메고 내게 배우라 그러면 너희 마음이 쉼을 얻으리니"(마 11:28~29)

그렇다면 사람이 예수님 안에서 평안을 누릴 수 있는 근거는 무엇일까요? 그것은 예수님께서 세상에 승리하셨기 때문입니다. 우리는 예수님의 승리 위에 우리 인생의 짐을 맡기면 되는 것입니다. 그것이 진정한 평안입니다. 다만 아무리 예수님께서 우리에게 힘이 되시고 평안을 주신다고 해도 우리가 예수님께 모든 것을 맡기지 못하면 그것은 우리의 것이 될 수 없습니다. 예수님은 이것을 위해 모든 것을 미리 말씀해주셨습니다. 예수님께서 계시지 않음에도 불구하고 제자들이 세상을 이기고 복음을 만천하에 전파할 수 있었던 것도 예수님께서 미리 그 사실을 말씀해주셨기 때문인 것입니다. 세상이 아무리 우리를 넘어뜨리려고 기를 쓰더라도 우리가 우리에게 항상 평안과 안식을 주시는 예수님이 계심을 믿는다면 그런 모든 것들이 우리를 조금도 상하게 하지 못할 것입니다.

> "이것을 너희에게 이르는 것은 너희로 내 안에서 평안을 누리게 하려 함이라 세상에서는 너희가 환난을 당하나 담대하라 내가 세상을 이기었노라"(요16:33)

5
예수님을 믿으면 어떤 일이 일어날까요?

이제 중요한 질문이 나왔습니다.
예수님을 믿으면 어떻게 되느냐는 것입니다.
우리 내면에는 어떤 변화가 있을까요?
생활환경에 변화가 있을까요?
이제 어떤 식으로 세상을 살아야 하죠?
과연 예수님을 느낄 수 있을까요?
사람들을 어떻게 대해야 하죠?
모든 질문에 다 대답할 수는 없겠지만
꼭 알아야 할 내용은 알려드립니다.
예수님을 믿으면 우리 인생 전체에
아주 놀라운 일들이 일어납니다.

1) 하나님의 자녀가 됩니다.

예수님이 하나님의 아들이라고 할 때 하나님의 성품과 존재목적과 능력이 동일하신 분이라고 설명했습니다. 그런데 예수님을 믿는 기독교인들도 하나님의 자녀가 됩니다. 그래서 성도가 기도할 때 하나님을 향하여 “아버지!”라고 부를 수 있는 것입니다. 예수님을 영접하면 그 사람은 자연스럽게 하나님의 자녀가 되는 특권을 주시는 것입니다. 그것은 물론 하나님과의 관계가 예수님으로 인하여 회복된 것을 말합니다. 하나님의 자녀가 된다는 것은 새로운 인간이 된다는 것을 의미합니다. 왜냐하면 하나님의 말씀은 하나님의 자녀들에게만 들리기 때문입니다.

> “영접하는 자 곧 그 이름을 믿는 자들에게는 하나님의 자녀가 되는 권세를 주셨으니 이는 혈통으로나 육정으로나 사람의 뜻으로 나지 아니하고 오직 하나님께로부터 난 자들이니라”(요 1:12~13)

그렇다면 예수님을 믿기 이전에는 과연 누구의 자녀이겠습니까? 성경은 예수님을 믿지 않으면 마귀(사탄)의 자녀라고 설명합니다. 하나님의 자녀를 다른 말로 하면 하나님께 속한 사람입니다. 마귀의 자녀는 마귀에게 속한 사람입니다. 그래서 하나님의 말씀이 들리지 않고 마귀의 말이 들리는 것입니다. 예수님을 믿으면 마귀의 자녀에게서 해방되어 하나님의 자녀가 되고 하나님께 속한 사람이 되는 것입니다.

"이러므로 하나님의 자녀들과 마귀의 자녀들이 드러나나니 무릇 의를 행하지 아니하는 자나 또는 그 형제를 사랑하지 아니하는 자는 하나님께 속하지 아니하니라"(요일 3:10)

더 나아가 하나님의 자녀가 된다는 것은 영적으로 거듭 태어난다는 뜻입니다. 자녀란 부모에 의해서 태어난다는 사실을 생각하면 거듭난다는 말은 당연한 현상일 것입니다. 그러니까 에덴동산에 들어온 죄로 인하여 하나님의 나라에서 쫓겨난 죄인들이 예수 그리스도의 십자가 제물 되심을 통하여 죄에서 해방되어 자유롭게 되는 것이 곧 영적으로 거듭난다는 의미인 것입니다. 이 세상에는 두 종류의 사람이 있는데 하나님의 나라를 볼 수 있는 사람과 없는 사람, 거듭난 사람과 거듭나지 못한 사람으로 구분할 수 있는 것입니다.

"예수께서 대답하여 이르시되 진실로 진실로 네게 이르노니 사람이 거듭나지 아니하면 하나님의 나라를 볼 수 없느니라"(요 3:3)

하나님의 자녀가 되면 여러 가지 현상이 뒤따라오게 되는데 그 중 하나는 '부활의 자녀'가 되는 것입니다. 믿는 사람은 예수님의 십자가 보혈로 죄 씻음을 받고 거듭나서 완전히 새로운 사람으로 변화되는데 그 말은 마지막 날에 예수님과 같이 부활체로 새롭게 된다는 것입니다. 부활의 자녀는 죽어도 부활로 다시 살아나는 사람들입니다. 영원한 천국에서 살게 됩니다. 하나님의 자녀가 된다는 말 속에는 이와 같이 영적으로 신비한 현상의 주인공이 된다는 뜻을 포함하고 있는 것입니다.

"그들은 다시 죽을 수도 없나니 이는 천사와 동등이요 부활의 자녀로서 하나님의 자녀임이라"(눅 20:36)

결국 마지막에는 하나님의 자녀답게 예수님과 같은 속성을 지닌 존재로 영생하게 됩니다. 천국에 간다는 의미는 부활체로서 영원한 생명의 주인공이 되어 영생한다는 것입니다. 우리가 이 세상에서 예수님의 뜻을 따라 살 뿐만 아니라 예수님과 같은 속성을 지닌 부활체로 변화된다는 의미를 가지고 있는 것입니다. 그것이 바로 예수님을 믿는다는 것을 의미하는 것이며 복음을 삶으로 나타내 보여주는 성도가 된다는 의미인 것입니다.

> "사랑하는 자들아 우리가 지금은 하나님의 자녀라 장래에 어떻게 될지는 아직 나타나지 아니하였으나 그가 나타나시면 우리가 그와 같을 줄을 아는 것은 그의 참모습 그대로 볼 것이기 때문이니"(요일 3:2)

그리고 성경은 하나님의 자녀를 상속자라고 표현하고 있습니다. 하나님을 비난하거나 대적하던 사람도 예수님을 믿고 하나님의 자녀가 되면 당연히 하나님의 상속자가 되는데, 하나님의 상속자로서의 모든 권세와 약속을 받아 누리게 되는 것입니다. 무엇을 상속받게 되겠습니까? 재물이나 토지나 권력은 물론 아닙니다. 이 세상의 썩어질 것들이 전혀 아닙니다. 그러나 하나님께서 성경에 약속하신 모든 것을 받아 누리는 주인공들이 될 것입니다. 영원한 복락과 행복과 평안과 기쁨을 누리는 주인공들이 바로 상속자들인 것입니다.

"이는 이방인들이 복음으로 말미암아 그리스도 예수 안에서 함께 상속자가 되고 함께 지체가 되고 함께 약속에 참여하는 자가 됨이라"(엡 3:6)

2) 구원과 영생을 얻게 됩니다.

예수님이 세상에 오신 가장 큰 목적은 무엇입니까? 그것은 세상을 구원하시는 일입니다. 구원이란 원래 그대로 두면 반드시 죽게 될 사람을 죽음에서 벗어나게 해 준다는 뜻입니다. 그러나 여기에서 말하는 구원이란 육체의 죽음에서의 구원이 아니라 영혼의 죽음에서의 구원입니다. 사람은 이미 하나님과의 관계가 단절되어 영적으로 죽은 존재들입니다. 거기에서 거듭나게 하심으로써 구원을 베푸십니다. 예수님은 바로 이 마귀의 자녀들을 구원하여 하나님의 자녀로 살려주시기 위해 오셨습니다. 예수님은 지금도 사람을 구원하는 일을 감당하고 계십니다.

"하나님이 그 아들을 세상에 보내신 것은 세상을 심판하려 하심이 아니요 그로 말미암아 세상이 구원을 받게 하려 하심이라"(요 3:17)

세상을 구원하신다는 의미는 예수님을 믿는 사람들을 죽음에서 구원하여 저 영원한 천국으로 인도하신다는 뜻입니다. 넓은 의미에서 이 세상 사람들은 전부 하나님께서 잃어버린 자들입니다. 그러나 좁은 의미에서는 앞으로 믿게 될 남은 영혼들을 뜻합니다. 우리는 누가 구원받게 될지 알 수 없지만 예수님은 다 알고 계십니다. 잃어버린 마지막 한 마리의 양을 찾으실 때까지 예수님은 구원하는 일을 끝까지 행하실 것입니다.

"인자가 온 것은 잃어버린 자를 찾아 구원하려 함이니라"(눅 19:10)

구원과 반대의 개념은 심판, 정죄입니다. 예수님은 믿는 사람은 구원을 얻고 믿지 않는 사람은 정죄를 받으리라고 하셨습니다. 구원은 분명히 이분법입니다. 구원 아니면 정죄입니다. 중간에 어정쩡하게 서 있는 사람들은 대개 정죄 받게 되겠지만 우리는 그 사람의 영혼을 모르기 때문에 쉽게 판단할 수는 없습니다. 교회에서 그렇게 전도를 열심히 하는 이유는 이 영원한 생명의 길을 많은 사람들에게 알려주어야 하기 때문인 것입니다.

"믿고 세례를 받는 사람은 구원을 얻을 것이요 믿지 않는 사람은 정죄를 받으리라"(막 16:16)

이 세상에서 구원받을 수 있는 유일한 길은 예수님을 믿는 방법밖에 없습니다. 왜냐하면 예수님을 통해서만 죄를 용서받을 수 있기 때문입니다. 이 점이 기독교를 독단적이라거나 폐쇄적이라고 공격하는 이유이지만 다른 것을 다 양보하더라도 예수님만이 구원의 길이라는 사실은 조금도 양보할 수 없습니다. 그렇다고 다른 종교인들을 원수로 삼거나 적으로 여기는 것은 곤란합니다. 타종교를 차별하고 공격해서는 구원의 길을 열 수가 없습니다. 중요한 것은 우리가 복음으로 온전하게 살아가는 것입니다. 우리의 정체성만 확실하다면 다른 모습을 두려워할 필요도 없는 것입니다.

"다른 이로써는 구원을 받을 수 없나니 천하 사람 중에 구원을 받을 만한 다른 이름을 우리에게 주신 일이 없음이라 하였더라"(행 4:12)

하나님은 그렇게 구원을 얻을 수 있는 유일한 길을 열어주셨는데 바로 그것이 하나님의 독생자 예수 그리스도를 세상에 보내신 것입니다. 구원은 곧 영생입니다. 구원을 받았는데 영생이 없다면 그것은 명백한 가짜입니다. 영생이란 영벌과 대치되는 말이고 구원이란 멸망과 대치되는 말입니다.

"하나님이 세상을 이처럼 사랑하사 독생자를 주셨으니 이는 그를 믿는 자마다 멸망하지 않고 영생을 얻게 하려 하심이라"(요 3:16)

구원이든 영생이든 그것은 죄와 관계가 깊습니다. 죄를 용서받지 못하면 당연히 죽음에 이르게 되지만 용서받으면 영생에 들어가게 되는 것입니다. 인간에게 죽음이 있는 것은 바로 죄 때문입니다. 죄가 세상에 들어옴으로써 죽음이 함께 들어왔습니다. 죄는 비단 인간의 내면으로 국한되는 것은 아닙니다. 인간이 죄를 지음으로써 만물도 심판을 받았습니다. 이 죄를 인정하지 않고 인간의 본능이니 본성이니 하면서 당연시 여기는 것은 죄의 심각성을 느끼지 못하게 만드는 것일 뿐입니다. 죄 문제를 해결하지 못하고는 구원도 영생도 있을 수 없습니다.

"죄의 삯은 사망이요 하나님의 은사는 그리스도 예수 우리 주

안에 있는 영생이니라"(롬 6:23)

이렇게 한 번 구원과 영생을 얻으면 어느 누구도 빼앗아갈 수 없습니다. 물론 그 구원과 영생을 위하여 예수님 안에 있을 경우의 이야기입니다. 한번 구원받았다면서 전혀 복음적인 삶을 살고 있지 못하다면 그의 구원은 한 번쯤은 의심해 보아야 할 것입니다. 그러나 구원받은 것이 확실하고 그 속에 복음을 소유하고 있으며 예수님과 날마다 교통하면서 살고 있다면 그 사람의 구원은 이 세상의 그 어떤 존재도 빼앗아갈 수 없습니다. 몸은 이 세상에서 땅을 밟고 살고 있지만 우리의 신분은 하나님의 자녀로서 저 영원한 하나님 나라의 상속자인 것입니다.

"내가 그들에게 영생을 주노니 영원히 멸망하지 아니할 것이요 또 그들을 내 손에서 빼앗을 자가 없느니라"(요 10:28)

3) 죄에서 자유를 얻게 됩니다.

여러 번 비슷한 표현을 사용했지만 예수님을 믿으면 죄에서 자유를 얻게 됩니다. 예수님을 믿어 죄 용서받고 구원받아 진리를 소유하게 되면 그 진리가 그 사람을 자유롭게 만들어준다고 말씀하셨습니다. 단순히 죄 사함을 받고 죄에서 해방되어 자유를 만끽한다는 것이 아니라 죄에서 진리로 이동하게 된다는 것입니다. 진리가 인간의 모든 속박과 한계로부터 자유를 준다는 말씀입니다. 진리가 존재하고 그 진리 속에 거할 수 있다면 이 세상의 모든 것에서 자유로워질 것이 분명하지 않겠습니까?

"진리를 알지니 진리가 너희를 자유롭게 하리라"(요 8:32)

그러면 과연 정확하게 무엇으로부터의 자유가 주어지겠습니까? 세상은 모두가 죄의 종노릇을 하고 있습니다. 마귀가 죄를 가지고 사람들을 속박하고 종으로 삼고 있다는 말입니다. 따라서 죄와 마귀는 거의 동의어라고 할 수 있습니다. 죄의 주체가 마귀이고 마귀는 죄를 가지고 사람들을 좌우하고 있으므로 죄 씻음을 받고 구원받았다는 말은 죄의 종노릇에서 해방되어 진리 가운데 자유롭게 되었다는 사실을 말합니다. 사람은 누구나 태어나면서부터 죄의 종으로 살 수밖에 없습니다. 그런데 하나님의 아들 예수님을 믿으면 죄의 종이 아니라 하나님의 아들이 되는 것입니다.

"진실로 진실로 너희에게 이르노니 죄를 범하는 자마다 죄의 종이라 종은 영원히 집에 거하지 못하되 아들은 영원히 거하나니 그러므로 아들이 너희를 자유롭게 하면 너희가 참으로 자유로우리라"(요 8:34~36)

이렇게 자유하게 될 수 있는 이유는 예수님이 가지고 계시는 생명의 성령의 법이라는 열쇠가 있기 때문입니다. 이 열쇠로 죄와 사망의 문을 부셔버리고 해방시켜주는 것입니다. 실로 예수님은 마귀의 모든 힘과 능력과 전략과 속임수를 다 부수시고 생명의 성령의 법 아래로 우리를 해방하실 수 있는 분이십니다. 죄와 사망의 법에서 탈출하는 일은 사람의 의지와 능력으로는 절대로 불가능합니다. 아무리 도를 닦고 수행하고 연구하고 체험을 행하고 위대한 진리를 깨닫게 되었다고 해도 마찬가지입니다. 예수님 안에 있는 생명의 성령의 법이 아니면 죄와 사망의 법을 절대로 깨뜨릴 수 없습니다.

"이는 그리스도 예수 안에 있는 생명의 성령의 법이 죄와 사망의 법에서 너를 해방하였음이라"(롬 8:2)

죄와 사망의 법에서 해방하시는 일은 오로지 예수님

의 공로로써만 가능한데 단 한 번의 죽음으로써 인간의 모든 죽음을 대신하여 이루어질 수 있었던 것입니다. 이 사실을 믿고 받아들이면 죄를 용서받고 죄에서 자유롭게 되는 것입니다. 믿는다는 말은 단순히 마음으로 인정하는 것이 아니라 그 예수님을 자기생명의 주인으로 여기고 생명을 바쳐 따라가는 것을 말합니다. 나대신 내 죄를 짊어지고 죽으신 분, 생명을 구원해 주신 분을 위하여 생명을 바치는 것은 아주 자연스러운 일입니다.

> "그리스도의 사랑이 우리를 강권하시는도다 우리가 생각하건대 한 사람이 모든 사람을 대신하여 죽었은즉 모든 사람이 죽은 것이라"(고후 5:14)

결국 썩어 없어질 세상 것에 묶여서 종노릇하던 데에서 영광의 자유를 얻게 되는 것입니다. 구원이란 썩어 없어질 세상에서 놓여나서 영원토록 있는 세상으로 옮겨가는 것입니다. 우리의 공로는 전혀 없지만 하나님은 구원이 하나님의 자녀의 영광이라는 말씀으로 설명하셨습니다. 우리 인생의 목적은 구원에 있다는 사실을 알아야 합니다. 이것을 모르니까 자꾸 세상의 욕심을 따라가는 것입니다. 예수님은 지금도 죄인들의 구원을 위하여 일하고 계십니다. 그것은 하나님의 간절한 소원입니다.

"그 바라는 것은 피조물도 썩어짐의 종 노릇 한 데서 해방되어 하나님의 자녀들의 영광의 자유에 이르는 것이니라"(롬 8:21)

4) 성령님이 내주하시게 됩니다.

성령님은 그리스도의 복음을 수호하는 기독교 진리의 핵심입니다. 성령님이 아니시면 죄 사함도 구원도 하나님의 자녀 됨도 있을 수가 없습니다. 사람이 아무리 노력하고 심지어 생명까지 다 바친다고 해도 성령님의 일을 대신할 수는 없습니다. 예수님께서 성령님을 보내심으로써 인간구원이 시작되었지만 믿음을 가지는 과정 중에도 성령님께서 개입하십니다. 그러면 성령님은 언제 이 땅에 임하셨을까요? 예수님께서 부활 승천하신 후에 제자들이 모인 자리에 최초로 임하셨습니다.

"오순절 날이 이미 이르매 그들이 다같이 한 곳에 모였더니 홀연히 하늘로부터 급하고 강한 바람 같은 소리가 있어 그들이 앉은 온 집에 가득하며 마치 불의 혀처럼 갈라지는 것들이 그들에게 보여 각 사람 위에 하나씩 임하여 있더니 그들이 다 성

령의 충만함을 받고 성령이 말하게 하심을 따라 다른 언어들
로 말하기를 시작하니라"(행 2:1~4)

그런데 이 일은 수시로 바뀌는 것이 아니라 하나님의 계획 안에 다 있었습니다. 성령강림은 예수님께서 제자들에게 미리 약속하신 것이었습니다. 보혜사 곧 돕는 분이 예수님 대신 세상에 내려오시게 되고, 이 보혜사 성령님이 이 세상을 살아가야 하는 신앙인들을 도우신다는 것입니다. 제자들이 어떻게 그렇게 강하고 담대한 복음 전파자들이 될 수 있었겠습니까? 예수님께서 체포되실 때 모두가 겁을 먹고 도망쳤던 사람들입니다. 그런데 오순절 날 임하신 성령을 받은 이후로 제자들은 완전히 변화되었습니다. 성령님께서 예수님의 가르침을 다 생각나게 하시고 깨닫게 하시고 힘과 능력을 주셨기 때문입니다. 예수님은 이렇게 될 것을 미리 약속해주셨습니다.

"보혜사 곧 아버지께서 내 이름으로 보내실 성령 그가 너희에게 모든 것을 가르치고 내가 너희에게 말한 모든 것을 생각나게 하리라"(요 14:26)

이렇게 변화된 베드로가 예루살렘에 모인 백성들 앞에

서 담대하게 복음을 선포했을 때 그 자리에 모인 3,000명의 사람들이 회개하고 예수님을 믿게 되었습니다. 그 후로 성령 받고 구원받은 수많은 기독교인들이 인류 역사를 통하여 지금까지 베드로가 말한 복음을 그대로 전파하고 있습니다. 그것이 누구의 힘이었습니까? 바로 성령님의 힘이었던 것입니다. 예수님은 우리의 생명이 되시고 성령님은 우리의 힘과 능력이 되시는 것입니다. 예수님을 진실로 믿는다면 성령님은 우리 가운데 이미 임하고 계신 것입니다.

> "베드로가 이르되 너희가 회개하여 각각 예수 그리스도의 이름으로 세례를 받고 죄 사함을 받으라 그리하면 성령의 선물을 받으리니 … 그 말을 받은 사람들은 세례를 받으매 이 날에 신도의 수가 삼천이나 더하더라"(행 2:38, 41)

성령님은 하나님과 예수님 대신 오셔서 믿는 사람들 안에 거주하시면서 세상에서 승리할 수 있도록 도와주십니다. 그것을 위하여 성령님은 각종 능력을 주십니다. 병 고치는 능력이든 예언하는 능력이든 아니면 귀신을 쫓는 능력이든 모두 같은 성령님께서 각 사람에 맞게 나누어 주시는 것입니다. 어떤 능력이 더 우수한 것도 아니고 다른 능력이 열등한 것도 아닙니다. 상황에 맞게 각각 능력을 주십니다. 예수님을 믿게 되면 성령님께서 임하시고 우리와 함께 하십니다. 믿고 나서도 당연히 임재하시지만 믿는 과정에도 성령님께서 임하십니다. 성도는 모든 것을 성령님의 은혜와 능력에 맡길 수 있어야 합니다.

> "다른 사람에게는 같은 성령으로 믿음을, 어떤 사람에게는 한 성령으로 병 고치는 은사를, 어떤 사람에게는 능력 행함을, 어떤 사람에게는 예언함을, 어떤 사람에게는 영들 분별함을, 다른 사람에게는 각종 방언 말함을, 어떤 사람에게는 방언들 통역함을 주시나니"(고전 12:9~10)

뿐만 아니라 성령님이 내주하시면 능력과 함께 인격과 신앙의 열매까지 풍성하게 주십니다. 보통 성령의 아홉 가지 열매라고 부릅니다만, 이런 인격적인 열매를 맺는 것은 가장 큰 복을 받는 것이라는 사실을 알아야 합니다. 하나님의 복은 재산이나 성공이나 번영이 결코 아닙니다. 심령의 복이 가장 큰 복이자 소중한 열매입니다. 그리고 신앙성장의 표지입니다. 사랑과 희락과 화평과 오래 참음과 자비와 양선과 온유와 절제는 모든 상황에서 우리를 지배할 수 있는 열매입니다. 성령의 열매는 결실이기도 하지만 영적 싸움의 무기이기도 한 것입니다. 이 열매로써 이 땅에서 천국을 누릴 수 있게 하시는 것입니다.

> "오직 성령의 열매는 사랑과 희락과 화평과 오래 참음과 자비와 양선과 충성과 온유와 절제니 이같은 것을 금지할 법이 없느니라"(갈 5:22~23)

5) 세상에서 승리자가 됩니다.

기독교인들은 항상 죄와 마귀와의 싸움에 노출되어 있는 존재들입니다. 기독교인은 세상에서 성공하고 번영하는 것이 목적이 아닙니다. 기독교인들은 성공자가 아니라 승리자가 되어야 합니다. 죄와 욕심을 따라가는 것이 세상이고 그것을 거슬러 하나님의 진리를 위하여 싸워 이기는 것은 하나님의 자녀입니다. 예수님은 십자가에서 죽으심으로써 승리하셨습니다. 죽으셨다가 사흘 만에 다시 살아나심으로써 죄와 죽음에 대한 진정한 승리를 거둘 수 있었습니다. 세상의 눈으로는 십자가에 사형 당하신 것이지만 하나님의 눈으로 보면 십자가에서 승리하신 것입니다. 그래서 예수님은 운명하시기 직전에 "다 이루었다."고 선포하셨던 것입니다. 하나님의 자녀는 바로 이 예수님의 길을 따라가는 사람들입니다.

"예수께서 신 포도주를 받으신 후에 이르시되 다 이루었다 하시고 머리를 숙이니 영혼이 떠나가시니라"(요 19:30)

예수님의 부활의 승리는 영원한 승리였습니다. 결코 취소되거나 희미해지지 않는 승리입니다. 대제사장들과 바리새인들은 예수님께서 십자가에 돌아가셨을 때 자기들이 이겼다고 생각했지만, 그리고 십자가를 지시는 동안 백성들의 구경거리고 삼았다고 여겼지만 사실은 오히려 그들을 구경거리로 만드신 것이었고, 자기들의 권력으로 예수님을 사형시켰다고 생각했지만 예수님은 그들의 권세를 무력화시키신 것입니다. 죽음에 대한 승리는 영원한 승리였고 우리도 믿음으로 그 승리를 얻게 된 것입니다.

"통치자들과 권세들을 무력화하여 드러내어 구경거리로 삼으시고 십자가로 그들을 이기셨느니라"(골 2:15)

기독교는 세상이 목적이 아니라 영적 가치를 따르는 종교입니다. 그 승리는 믿음을 주시고 힘을 주셔서 이루어내는 승리입니다. 성도는 예수님의 말씀을 따라 살기 위해서 세상과 싸워야 합니다. 우리가 참된 믿음을 가지고 있다면 우리는 세상을 이길 수 있습니다. 구원의 믿음을 가지고 있다면 능히 세상과 싸워 이길 수 있도록 해 주십니다. 때로 믿음이 약하여 넘어질 때도 있지만 그러나 결국 승리하도록 해주십니다.

> "무릇 하나님께로부터 난 자마다 세상을 이기느니라 세상을 이기는 승리는 이것이니 우리의 믿음이니라"(요일 5:4)

그러나 이 승리는 악에게 악으로 대항해서 얻을 수 있는 승리가 아니라 선으로 얻는 승리입니다. 물질과 명예를 위해서가 아니라 오직 자기 자신과 싸울 뿐입니다. 그리고 복음과 진리를 위해서 싸워야 합니다. 세상의 가치에 대해서는 오직 선을 행합니다. 그러나 천국을 위해서는 싸워 이겨야 합니다. 악한 상대에게 선으로 대하는 것이 복음입니다. 원수를 갚지 말고 오히려 사랑하며 악을 악으로 대항하지 않습니다. 선을 행함으로써 오히려 악에게 승리할 수 있습니다.

> "악에게 지지 말고 선으로 악을 이기라"(롬 12:21)

이렇게 기독교인이 세상에서 승리할 수 있는 이유는 예수님께서 세상 만물보다 크시기 때문입니다. 우리는 악에게 이길 수 없습니다. 마귀를 이길 수 없습니다. 그러나 우리는 마귀를 이겨야 합니다. 어떻게 이기겠습니까? 우리 안에 계신 분으로 인하여 이길 수 있습니다. 우리가 하나님의 자녀이기 때문에 만물보다 크신 예수님께서 이겨주십니다. 그래서 우리가 예수님을 생명으로 믿고 맡겨야 하는 것입니다. 우리는 하나님께 속한 사람들입니다.

> "자녀들아 너희는 하나님께 속하였고 또 그들을 이기었나니 이는 너희 안에 계신 이가 세상에 있는 자보다 크심이라"(요일 4:4)

승리자에게는 저 영원한 천국의 생명나무 열매를 먹게 하시고 영생을 얻게 하십니다. 믿음의 최종적인 결과입니다. 믿음은 이렇게 위대합니다. 우리가 위대한 것이 아니라 그리스도 예수께서 위대하십니다. 우리가 우리의 구원을 위해서 아무 것도 한 일이 없지만, 우리에게 생명나무 열매를 주시고 영생을 주십니다. 예수님을 믿는 것은 천하 만물을 전부 얻는 것과 같습니다. 따라서 이것을 깨닫는 사람은 위대한 사람이고 반드시 승리하게 되는 것입니다.

"귀 있는 자는 성령이 교회들에게 하시는 말씀을 들을지어다 이기는 그에게는 내가 하나님의 낙원에 있는 생명나무의 열매를 주어 먹게 하리라"(계 2:7)

6
왜 꼭 예수님만 믿어야 합니까?

기독교를 배타적인 종교라고들 합니다.
왜 배타적일 수밖에 없을까요?
예수님을 통해서만 구원받기 때문입니다.
그럼 왜 그렇게 만들어졌을까요?
한 마디로 그 길밖에 없기 때문입니다.
우리가 믿는 분은 유일하신 하나님입니다.
원래 하나님께서 만드셨으므로
하나님께로 돌아가는 것일 뿐입니다.
사람들에게 배타적인 것이 아닙니다.
믿음의 다른 대상에 배타적인 것입니다.
예수님은 오히려 죄인들과 세리들을
차별하지 않으시고 사랑하셨습니다.

1) 인간은 반드시 죽기 때문입니다.

지금까지 예수님은 누구시고 무슨 일을 하고 계시는가, 그리고 예수님을 믿으면 어떤 일이 일어나는가에 대해서 살펴보았습니다. 그것으로 기독교 신앙의 전체적인 개요를 알게 되었을 것입니다. 하지만 그것은 어디까지나 기독교를 객관적으로 살펴보는 수준이었습니다. 알고 있는 것과 믿는 것은 전혀 다른 이야기입니다. 이제는 그 이야기를 우리 자신의 이야기로 만들어야 합니다. 신앙은 객관을 주관으로 만드는 것입니다. 때로는 많이 아는 것이 방해물이 될 때도 있습니다. 이제 왜 예수님을 꼭 믿어야 하는지에 대해서 구체적으로 살펴보겠습니다.

예수님을 믿어야 하는 이유, 첫 번째는 인간은 누구나 죽기 때문입니다. 이 죽음은 에덴동산에서 하와가 뱀(마귀)의 유혹을 받아 선악과를 먹음으로써 이 세상에 들어오게 된 것입니다. 아무런 부족함이 없었던 에덴동산에서 오직 하나님만 바라보고 행복하게 잘 살고 있었지만 뱀이 나타나 하나님께 대한 신뢰에 금이 가게 만들었습니다. 이것이 인간의 죽음의 시작이었습니다.

"여호와 하나님이 여자에게 이르시되 네가 어찌하여 이렇

게 하였느냐 여자가 이르되 뱀이 나를 꾀므로 내가 먹었나이
다"(창 3:13)

인류의 조상이 선악과를 먹었다고 왜 전체 인간이 죽어야 할까요? 조상의 죄가 유전된 것이 아니라 하와가 죄의 문을 활짝 열어 죄가 세상으로 들어오고 그 죄 때문에 죽음이 들어온 것입니다. 마치 독가스가 방에 들어온 것처럼 그로 인하여 사망에 이르게 된 것입니다.

"그러므로 한 사람으로 말미암아 죄가 세상에 들어오고 죄로 말미암아 사망이 들어왔나니 이와 같이 모든 사람이 죄를 지었으므로 사망이 모든 사람에게 이르렀느니라"(롬 5:12)

그런데 이 죄 곧 인간의 죽음 때문에 예수님이 이 땅에 오신 것입니다. 하나님의 사랑은 죄로 인하여 죽을 사람들을 죄에서 구원하시기 위해 죄 없으신 아들 예수님을 이 땅에 보내셨습니다. 그러므로 예수님을 믿어야 하는 첫 번째 이유는 사람은 모두 죽기 때문이고 죽음에서 구원받아야 하기 때문인 것입니다.

2) 죽음 이후에는 심판이 있기 때문입니다.

그러면 왜 죽음이 우리에게 큰 위험이 되는 것일까요? 어차피 모두가 죽을 것이라면 나도 똑같은 죽음을 맞이하면 되는 것 아닌가요? 이 세상에 죽지 않고 영원히 존재하는 것이 있나요? 이런 질문을 할 수 있습니다. 똑같이 죽음을 맞이하게 되는데 다른 사람의 죽음은 일반적이고 내 죽음은 특별해야 하는 것인가요?

물론 일반적인 논리로는 그 말이 맞을 수 있습니다. 그러나 우리가 반드시 알아야 할 아주 중요한 것이 있습니다. 그것은 사람이 반드시 죽는 것과 마찬가지로 죽음 이후에는 반드시 심판을 받게 되어 있다는 것입니다. 만약에 이 세상으로 모든 것이 완전히 그쳐버린다면 세상에서 많은 악한 일을 행한 사람과 착하게 산 사람들이 결코 공평하지 못하게 될 것입니다. 죽음 이후에는 반드시 심판이 있습니다.

"한번 죽는 것은 사람에게 정해진 것이요 그 후에는 심판이 있으리니"(히 9:27)

사실 죽음이라는 것은 이미 죄 때문에 내려지는 첫 번

째 심판입니다. 하지만 죽음의 심판을 받는 사람들은 또 한 영혼의 두 번째 심판을 받아야 한다는 것을 알아야 합니다. 인간은 육체와 영혼으로 구성되어 있습니다. 짐승들에게는 영혼이 없지만 인간에게만 허락하신 영혼이 바로 하나님의 형상이 아닙니까? 짐승들은 죽음으로 모든 것이 끝나지만 인간들에게는 영혼의 문제가 여전히 남아 있습니다. 그런데 사람이 죽으면 그 영혼이 반드시 심판을 받게 되어 있다는 것입니다. 이 심판을 면하고 영생에 들어가려면 예수님을 믿어야 하는 것입니다.

"이를 위하여 죽은 자들에게도 복음이 전파되었으니 이는 육체로는 사람으로 심판을 받으나 영으로는 하나님을 따라 살게 하려 함이라"(벧전 4:6)

사람은 왜 허무감과 불안감을 느끼는 것일까요? 어느 누구도 구체적으로 그 이유를 알지 못하지만 인간의 무의식 속에서 심판을 느끼기 때문입니다. 사람은 죽음 이후의 심판 때문에 죽음에 대한 공포와 불안을 느끼게 되는 것입니다.

3) 심판받으면 지옥에 가기 때문입니다.

사람이 그대로 죽어서 심판을 받으면 모두 죄 때문에 죽은 죄인들이기 때문에 당연히 지옥으로 가게 되어 있습니다. 지옥이라고 하면 비현실적으로 느껴지기 때문에 구체적으로 생각하기 어렵습니다. 그러나 우리의 현실 속에서도 지옥과 같은 현상이 있다는 사실을 아십니까? 전쟁과 기아, 고문과 살육, 자연재해로 일어나는 비극적인 모습 등은 지옥과 별로 다르지 않습니다. 물론 많은 대중들이 지옥과 같은 고통을 당하는 것은 아닙니다. 그러나 인류역사상 지옥보다 더 무서운 일은 얼마든지 일어났습니다. 다 같이 지옥에 가는 것이니까 괜찮다고 할지 몰라도 지옥은 아주 무서운 곳입니다. 성경의 설명으로는 영원토록 꺼지지 않는 불이 활활 타오르는 곳입니다.

> "거기에서는 구더기도 죽지 않고 불도 꺼지지 아니하느니라"(막 9:48)

하나님은 사랑의 하나님이신데 왜 지옥과 같이 무서운 곳을 만들어놓으셨나요? 사랑과 지옥, 뭔가 모순되는 것이 아닌가요? 여기에서 우리가 알아야 할 것은 지옥은 믿지 않는 사람들을 위해서 만들어놓으신 곳이 아니라 마귀와 그 부하들을 위해 준비한 곳이라는 사실입니다. 마귀는 원래 천사였는데 하나님께 반란을 일으켜 마귀가 된 존재들입니다. 귀신도 원래 천사들이었는데 마귀를 추종했다가 귀신이 되었습니다. 사람이 지옥에 가는 이유는 하나님을 외면하고 마귀를 따라갔기 때문입니다. 하나님과 원수 된 마귀를 추종하면 마귀와 귀신들을 위해 준비된 지옥으로 함께 가게 되어 있습니다.

> "또 왼편에 있는 자들에게 이르시되 저주를 받은 자들아 나를 떠나 마귀와 그 사자들을 위하여 예비된 영원한 불에 들어가라"(마 25:41)

인간은 반드시 죽게 되고, 죽음 이후에는 반드시 심판을 받게 되며, 심판을 받으면 지옥으로 가게 되어 있습니다. 이 지옥에 떨어지지 않기 위해서 반드시 예수님을 믿어야 하는 것입니다. 다른 말로 하면 천국으로 가기 위해서 반드시 예수님을 믿어야 하는 것입니다.

4) 죄 문제를 해결해야 하기 때문입니다.

인간은 반드시 죽어야 하고, 죽으면 심판을 받아야 하고, 심판을 받으면 지옥에 떨어져야 하는 근본적인 이유는 인간의 죄 때문이라고 했습니다. 죽음 자체도 죄 때문에 당하는 것이지만 육체의 죽음이 문제가 아니라 영혼에 대한 심판이 더 큰 문제입니다. 인간은 누구나 예외 없이 죄 문제로 얽혀있습니다. 죄의 영향을 받지 않는 사람은 단 한 사람도 없습니다. 그러므로 인간은 자기 죄 문제를 해결하는 것이 인생의 가장 큰 과업이 되는 것입니다. 사람들은 이런 점을 전혀 알지 못하고 원래 그런 것으로만 생각합니다. 그럼에도 불구하고 죄 문제를 해결할 수 있는 길을 하나님께서 열어주셨습니다. 죄 문제만 해결하면 심판이든 지옥이든 죽음이든 아무 문제가 없습니다. 이렇게 죄 문제를 해결하는 것을 성경은 죄 없이 함을 받는 것이라고 설명하고 있습니다.

"그러므로 너희가 회개하고 돌이켜 너희 죄 없이 함을 받으라 이같이 하면 새롭게 되는 날이 주 앞으로부터 이를 것이요"(행 3:19)

하지만 죄 없이 함을 어떻게 받는다는 말인가요? 내가 평생 동안 착한 일을 많이 하고 많은 사람들을 도와주면 나의 죄가 다 사라지는 것일까요? 악하기 때문에 지옥에 가는 것이라면 선한 일로 죄를 갚을 때 죄가 사라지는 것은 없을까요? 우리의 현실 속에서는 죄를 지으면 거기에 맞는 봉사를 하면 죄가 갚아지게 되어 있지 않습니까? 하지만 세상에서의 죄와 하나님 앞에서의 죄는 근본적으로 다릅니다. 우리가 말하는 죄를 없이 하고 지옥으로 가지 않고 천국으로 가는 길은 오로지 죄 사함, 곧 죄 용서, 죄 씻음을 받는 길밖에는 없습니다. 예수님을 믿으면 죄 씻음을 받을 수 있습니다.

"베드로가 이르되 너희가 회개하여 각각 예수 그리스도의 이름으로 세례를 받고 죄 사함을 받으라 그리하면 성령의 선물을 받으리니"(행 2:38)

죄 문제를 해결하고 천국에 가는 길은 예수님을 믿는 길밖에는 없습니다. 예수님이 아니고는 그 길이 전혀 없습니다. 그러므로 인간은 반드시 예수 그리스도를 믿어야 하는 것입니다.

5) 예수님께서 죽으셨기 때문입니다.

물론 죄 사함 또는 죄 용서는 그냥 이루어지는 것이 아닙니다. 죄의 결과가 죽음이라면 그 죽음에 해당되는 대가를 지불해야 합니다. 사람은 에덴동산에서의 죄로 인하여 누구나 죄인의 상태로 살아갑니다. 똑같은 죄인이 다른 사람의 죄를 대신할 수는 없습니다. 자기 목숨을 죽음으로 지불하고 나면 아무 것도 안 남기 때문입니다. 그렇다고 스스로 의인으로 살아간다고 해서 원래 있던 죄가 사라질 수 있는 것도 아닙니다.

이미 살펴보았습니다만, 그 죄를 해결할 수 있는 길은 오직 하나입니다. 죄 없으신 예수님께서 우리 죄를 대신해서 죽음이라는 대가를 지불하시는 것입니다. 생명으로 생명을 대신하신 것이 예수님의 사랑입니다. 오직 예수님으로서만이 가능한 일입니다. 그래서 믿음이란 우리의 생명을 위하여 우리에게 생명을 주신 예수님을 생명으로 믿고 받아들이는 것을 말합니다.

"이것은 죄 사함을 얻게 하려고 많은 사람을 위하여 흘리는 바 나의 피 곧 언약의 피니라"(마 26:28)

하나님은 아주 작은 죄도 용납하지 못하시는 속성을 가지고 계십니다. 그래서 어떤 사람을 미워하는 죄와 그 사람을 살인한 죄는 하나님께서 보시기에는 똑같은 죄입니다. 그런 하나님께서 어떻게 태어날 때부터 아예 죄로 출발하는 인간의 죄를 용서하실 수 있겠습니까? 우리가 반드시 알아야 할 것은 하나님은 완전한 공의이시지만 동시에 완전한 사랑이시라는 것입니다. 완전히 모순되는 모습입니다. 그런데 이 공의와 사랑의 모순을 단 한 번에 해결할 수 있는 길을 예수님께서 여셨는데 그것은 인간 대신 죽음이라는 벌을 받으시는 것입니다. 예수님께서 피 흘려 죽으심으로써 하나님의 공의를 완전히 만족시키셨던 것입니다.

"그리스도께서도 단번에 죄를 위하여 죽으사 의인으로서 불의한 자를 대신하셨으니 이는 우리를 하나님 앞으로 인도하려 하심이라 … "(벧전 3:18)

만약에 예수님께서 죽지 않으셨다면 죄 사함이 불가능하기 때문에 예수님을 믿을 필요가 없을 것입니다. 예수님의 십자가 죽으심이 단번에 길을 여셨습니다.

6) 구원 받고 천국에 가기 때문입니다.

천국에는 누가 갈 수 있겠습니까? 예수님께서 우리 죄를 대신하여 목숨으로 값을 치르시고 죄 사함과 구원의 길을 여셨음을 마음에 믿고 예수님을 생명으로 받아들이는 사람에게 천국의 길이 열립니다. 그 사실을 모르거나 알고도 믿지 않으면 그 사람은 어쩔 수 없이 천국이 아니라 마귀와 귀신들을 위해 예비해놓으신 지옥으로 갈 수밖에 없습니다. 왜 예수 믿느냐고요? 천국에 가기 위해서입니다. 천국에서 영원한 생명을 누리기 위해서입니다. 천국에 가기 위해서는 예수님을 믿고 죄를 용서받고 구원 받아 심판에 이르지 말아야 합니다. 곧 사망에서 생명으로 곧바로 옮겨지는 것입니다. 믿는 사람은 이미 이 땅에서 영생을 얻은 것입니다. 그것을 위해서 꼭 예수님을 믿어야 합니다.

"진실로 너희에게 이르노니 내 말을 듣고 또 나 보내신 이를 믿는 자는 영생을 얻었고 심판에 이르지 아니하나니 사망에서 생명으로 옮겼느니라"(요 5:24)

이것을 다른 말로 하면 물과 성령으로 다시 태어나는

것이라고 합니다. 거듭나는 것이라고 합니다. 모두 동일한 의미를 지닌 말이지만 다른 관점으로 표현한 말씀들입니다. 천국이란 믿음으로 거듭난 백성들이 영원토록 살아가는 곳입니다. 기독교인이란 거듭난 이후 하나님의 통치를 받는 마음속의 천국과 같은 삶을 살다가 육체의 죽음을 맞으면 영원한 천국에 들어가게 되는 사람들입니다. 천국은 착하게 살거나 좋은 일을 많이 하거나 높은 경지에 도달한 사람이 가는 곳이 아니라 자기 죄를 인정하고 예수님께서 우리 죄를 씻어주셨음을 믿고 받아들이는 사람들이 가는 곳입니다. 착한 일은 믿는 자로서 예수님을 따라 행하는 것입니다.

> "예수께서 대답하시되 진실로 진실로 네게 이르노니 사람이 물과 성령으로 나지 아니하면 하나님의 나라에 들어갈 수 없느니라"(요 3:5)

인생에서 최고로 복된 마지막 종점은 저 천국입니다. 아무리 성공적인 인생도 천국에 가지 못하면 실패한 것입니다. 이 세상의 성공이 아니라 영원한 성공을 위해서는 반드시 예수님을 믿어야 합니다.

7) 예수님이 유일한 길이기 때문입니다.

이미 몇 번 이야기했지만 오직 예수님을 믿음으로써만 죄 사함 받고 구원받아 천국에 올라가서 영생을 누리는 것입니다. 회개하여 죄 사함 받고 거듭나서 하나님의 자녀가 되어 심판에 놓이지 않으며 죽음 이후에 천국에서 영생을 누릴 수 있는 다른 길이 있다는 말을 들어보셨습니까? 아무리 그럴 듯하고 능력 있게 말하더라도 예수 그리스도가 아니면 전부 다 가짜입니다. 가짜라는 말은 굉장히 심각한 말인데 왜냐하면 영생이냐 영벌이냐가 결정되는 갈림길이기 때문입니다. 그것은 천국인가 지옥인가의 차이를 가져다줍니다. 예수님께서 직접 말씀하셨습니다. 예수님이 아니면 하나님께로 갈 수 있는 길이 없습니다.

> "내가 곧 길이요 진리요 생명이니 나로 말미암지 않고는 아버지께로 올 자가 없느니라"(요 14:6)

창조주 여호와 하나님도 유일하시고 그 아들 예수 그리스도도 유일하십니다. 유일하신 분이라는 말은 하나님은 절대적이시고 최후의 결정이시며 단 하나의 길이 되시고 시작과 끝이시며 영벌과 영생을 완전하게 구분하신다는 말입니다. 그래서 예수님은 친히 예수 그리스도를 알고 믿고 하나가 되는 것이 곧 영생이라고 말씀하신 것입니다. 예수님은 아버지께서 모든 권한을 주시고 우리에게 보내신 분입니다. 다른 종교에서 아무리 구원의 길이 자기들에게 있고 아무리 천당에 가는 길을 이야기해도 전부 다 가짜입니다. 마귀와 그의 부하 귀신들 곧 악한 영들의 속임수입니다.

> "영생은 곧 유일하신 참 하나님과 그가 보내신 자 예수 그리스도를 아는 것이니이다"(요 17:3)

다른 종교에도 구원이 있다는 말은 하나님의 말씀이 결코 아닙니다. 그런데도 오늘날 구원은 기독교에만 있는 것이 아니라는 이상한 종교다원주의자들의 주장이 많은 사람들을 미혹하고 있습니다. 그렇게 주장하는 사람들은 전부 마귀의 종들입니다. 이단과 사이비들이 주장하는 것이 무엇입니까? 전부 자기가 재림 예수다 하면서 스스로를 구원자라고 하는 것입니다. 그런 모든 헛된 주장들은 전부 거짓 그리스도, 가짜 선지자들의 유혹에 불과합니다. 오직 예수님만이 구원의 유일한 길입니다. 우주 만물의 창조주 하나님께서 보내지 않으신다면 어느 누구도 구원자가 될 수 없습니다. 오직 예수님을 믿는 것만이 구원의 길이고 천국의 길이며 영생의 길인 것을 마음속에 생명으로 받아들이시기 바랍니다.

> "다른 이로써는 구원을 받을 수 없나니 천하 사람 중에 구원을 받을 만한 다른 이름을 우리에게 주신 일이 없음이라 하였더라"(행 4:12)

7
기독교와 타종교는 어떻게 다르죠?

이제 중요한 질문이 남았습니다.
도대체 뭐가 그렇게 다르냐는 것입니다.
종교들끼리 다른 것은 당연하지만
왜 다른 종교는 안 된다는 것일까요?
종교들끼리 사이좋게 지내면 안 될까요?
물론 다른 종교들과 싸우라는 것은 아닙니다.
다만 기독교가 유일한 구원의 길이라는 말입니다.
다른 종교는 다 똑같다는 것입니다.
이제 몇 가지 중요한 차이점을
알려드리겠습니다.

1) 죄 문제에 대한 능력이 다릅니다.

• **타종교는 죄 문제를 해결할 길이 없습니다.**

지상의 모든 종교는 인간의 죄 문제를 다루고 있습니다. 예를 들어 불교에서도 이 원죄와 같은 개념을 말하고 있는데 그것으로 말미암아 윤회설이 등장하게 된 것입니다. 자신이 지은 업보에 따라 끊임없이 죽고 살아나기를 반복한다는 것입니다. 윤회의 고리를 벗어나는 길이 해탈하는 것이고 바로 부처가 되는 길인데 그것을 위해 욕심을 버리고 착한 행실을 많이 하라는 것입니다. 육체와 함께 영혼이 존재한다는 전제 아래 발전된 신앙이지만, 이것을 기독교에서는 행위구원론이라고 하는데, 죄 문제를 해결하기 위해 아무리 착한 일을 많이 해도 태생적인 원죄를 없앨 수는 없습니다.

"행위에서 난 것이 아니니 이는 누구든지 자랑하지 못하게 함이라"(엡 2:9)

대부분의 종교는 행위구원을 주장합니다. 착하게 살고 선한 일을 많이 하고 자선을 베풀고 세상을 위해 많은 일을 하면 천국에 갈 수 있다고 믿습니다. 이들은 구원을 반드시 인간의 죄와 연결시키지는 않습니다. 그렇기 때문에 일반적으로 죄 문제의 해결이라는 주제로는 생각하지 않습니다. 앞에 이야기한 불교도 마찬가지입니다만, 구원이나 천국을 죄와 연결시키지 못하면 결코 본질로 들어갈 수가 없습니다. 고등종교가 아니라 무속이나 민간신앙에서는 전혀 죄와 연결시키지 않습니다. 무당이 손님에게 죄를 회개하라고 했다는 말을 들어본 적이 있습니까? 불교에서도 죄라는 말과 연결하지 못합니다. 천주교도 행위구원론이라는 사실을 알고 계십니까? 똑같이 예수님을 이야기하고 죄를 말하면서도 행위구원 중심적인 신앙을 강조합니다.

사람들이 의식하든 그렇지 못하든 내면에 흐르는 죄 때문에 인생에 대해서 허무한 생각을 떨쳐버릴 수가 없는 것입니다. 그래서 인간이 만들어낸 종교를 가지거나 우상을 숭배하거나 철학을 하거나 예술을 하거나 도를 닦거나 고행을 하지만 태생적인 죄는 전혀 해결할 수 없다는 사실을 알아야 합니다.

• **기독교는 죄 사함을 통하여 구원과 영생의 길을 열어줍니다.**

구원의 능력이란 결국 죄 문제 해결의 능력입니다. 아무리 고상하고 차원 높고 영성이 깊다 할지라도 죄를 없애지 못하면 구원은 없습니다. 그리고 당연히 심판이 있을 뿐입니다. 기독교 신앙생활에서 가장 많이 듣는 용어가 무엇입니까? 그것은 회개하라는 말입니다. 회개가 무엇입니까? 자기의 죄를 진실하게 고백하고 가던 길에서 돌이키라는 것입니다. 곧 죄가 이끌어가는 대로 끌려가다가 그 죄를 깨닫고 가던 길을 돌이켜서 예수님께로 가는 길을 가라는 뜻입니다.

기독교 신앙에 있어서는 회개하지 못하면 구원이나 천국의 길이 막혀버립니다. 뿐만 아니라 믿음생활을 하고 있는 중에라도 하나님의 말씀과 배치되는 길로 가기가 쉬운데 이때도 그 죄를 회개하고 돌이켜 의의 길로 가야 합니다. 그러니까 불신의 죄이든 육적인 죄이든 예수님의 죽으심으로 말미암는 죄 사함을 받아야 하는 것입니다.

“주의 백성에게 그 죄 사함으로 말미암는 구원을 알게 하리니”(눅 1:77)

원래 인간의 죄란 그 무엇으로도 해결할 수 없는 원죄입니다. 세상에서 죄를 짓고 벌을 받는 것과는 근본적으로 다릅니다. 보통 죄를 지었을 때 몇 년 형 또는 벌금 얼마를 물면 죄 값을 치르게 됩니다. 하지만 에덴동산에서 불순종한 인간의 죄는 태생적인 죄이기 때문에 어떤 행위로도 절대 갚을 수 없습니다. 그런데 하나님은 그 죄 값을 예수 그리스도로 하여금 십자가에서 흘린 피로 갚게 하셨습니다. 예수님이 구원의 유일한 길이 되신 것입니다. 우리는 물론 공짜로 죄 사함을 받고 구원을 얻습니다만, 그 구원은 결코 공짜가 아닙니다. 우리의 구원은 예수님의 목숨으로 값을 치른 것입니다. 아주 옛날에 예수님께서 십자가에서 못 박혀 돌아가신 것이 아니라 바로 내 죄 값을 예수님의 목숨으로 지불하신 것입니다. 다른 종교와는 전혀 다릅니다.

"값으로 산 것이 되었으니 그런즉 너희 몸으로 하나님께 영광을 돌리라"(고전 6:20)

2) 신의 역할이 다릅니다.

- **타종교는 사람이 신을 위해 희생해야 하지만 그것을 통해서는 구원이 이루어질 수 없습니다.**

세상의 어떤 종교이든 구원받기 위하여 사람이 할 수 있는 행위를 열심히 하게 합니다. 무엇인가를 이룸으로써, 무엇인가를 쌓음으로써 신에게까지 도달하려고 애를 씁니다. 신의 역할은 심판하고 징계하고 빼앗는 것밖에 없습니다. 물론 만들어진 신 또는 악한 귀신들이기 때문에 당연한 현상입니다만, 그리고 그 신이 목적하는 바가 있어서 사람을 지배하려고 하지만, 거짓되고 허황되거나 작은 속임수로 사람들을 얽어매는 것이 고작입니다. 교회에서도 무엇인가를 바치고 드리고 헌신하지만 그것은 구원을 위한 것이 아닙니다. 구원에 감사하고 하나님께서 인간구원을 위해 하시는 일에 협력하기 위해서일 뿐입니다.

그럼에도 불구하고 다른 종교에서는 가르치는 대로 수도에 정진하기도 하고 고행을 통하여 인간의 한계를 뛰어넘으려고 합니다. 신은 (물론 그런 신은 없지만) 아무 것도 하는 일이 없습니다. 그저 받기만 합니다. 그리고 신의 명령대로 움직여야 합니다. 그 신은 신의 뜻대로 움직이지 않으면 분노를 일으킵니다. 그 신은 사람들에게 안녕이나 평화나 승리를 가져다준다고 속이지만 그럴 능력도 없거니와 그런 능력이 있다고 해도 죄 문제는 건드리지도 못합니다. 대개는 오직 이 땅에서의 축복만을 얻기 위해서 신을 믿는 것입니다.

때로는 귀신의 음성을 듣기도 합니다. (실제로 영적 존재는 있습니다. 기독교에서는 이것은 전부 악령이라고 봅니다. 죽은 사람의 영혼이 아닙니다.) 그러나 무당에게서 죄 문제나 구원 문제가 언급되지는 않습니다. 참된 종교라면 인간의 죽음과 연관하여 거기에서 자유로워지는 것을 지향해야 하지만 전혀 그렇게 할 수가 없습니다. 참된 종교, 참된 진리는 오직 하나, 예수 그리스도밖에는 없는 것입니다. 만약에 예수님을 믿는다고 하면서도 이 땅의 축복이나 번영만을 추구한다면 그것은 다른 종교를 믿는 것과 조금도 다를 것이 없습니다. 타 종교에서는 신의 역할이 인간에게 실질적으로 전혀 도움이 되지 못합니다. 인간의 희생만 요구할 뿐입니다.

- **기독교는 하나님이 사람을 위해 직접 십자가에서 죽으셨습니다.**

인간의 종교와 하나님의 진리를 가장 분명하게 구별하는 근거는 신의 역할입니다. 다른 종교는 신을 위하여 사람이 제물이 되지만 기독교는 신이신 예수님께서 사람들 가운데 내려오시고, 그것도 가장 비천한 곳으로, 또 사람을 위해서 제물이 되어 희생당하셨습니다. 이것이 기독교 복음의 가장 위대한 점입니다. 창조주 하나님께서 인간의 구원을 위하여 직접 내려오셔서 십자가에서 죽으심으로써 인간 대신 죄 값을 치르고 구원하셨던 것입니다. 왜냐하면 인간 스스로는 그 어떤 구원도 이룰 수 없기 때문입니다.

인간은 아담의 불순종으로 인하여 하나님과의 관계가 단절되었고, 그 때 생긴 죄로 말미암아 하나님께로 갈 수가 없게 되었습니다. 하나님께로 가려면 하나님과의 사이를 가로막고 있는 죄를 없애야 하는데 인간으로서 할 수 있는 방법은 없습니다. 그래서 구약 시대에는 사람이 죄를 지을 때마다 짐승을 대신 희생시킴으로써 인간의 죄 값을 치르게 하셨습니다. 하지만 이것은 인간의 전체 죄를 위해서가 아니라 삶 속에서 드러나는 지극히 일부분의 죄만을 씻어낼 뿐이었습니다. 하나님은 인간과의 관계 전체를 회복시키기 원하셨습니다. 그리하여 예수님으로 하여금 단 한 번의 십자가 제물 되심을 통하여 죄 문제 전체를 해결하셨던 것입니다. 기독교는 인간의 구원을 위해 하나님(신)이 내려오셨습니다.

"말씀(하나님)이 육신이 되어 우리 가운데 거하시매 우리가 그의 영광을 보니 아버지의 독생자의 영광이요 은혜와 진리가 충만하더라"(요 1:14)

그러면 왜 신이신 하나님께서 인간을 위해 땅에까지 내려오셨을까요? 인간은 하나님께서 창조하신, 사랑할 수밖에 없는 존재이기 때문입니다. 하나님의 형상대로 사람을 만드시고 교제하기를 원하셨는데 죄로 가로막혔기 때문에 죄의 담을 허물어버리셨습니다. 이제 죄 씻음 받은 성도는 하나님의 형상을 회복하게 됨으로써 하나님과 교제하면서 살 수 있게 된 것입니다.

"하나님이 자기 형상 곧 하나님의 형상대로 사람을 창조하시되 남자와 여자를 창조하시고"(창 1:27)

3) 구원을 이루는 방식이 다릅니다.

- **타 종교는 '행위'를 통해 스스로 구원받기 위해 애쓰지만, 행위로는 구원받을 수가 없습니다.**

다른 종교에는 진짜 신이 없기 때문에 구원 자체가 불가능하지만, 그들이 가르치는 바에 따르면 열심히 착한 일을 많이 하면 구원 받을 수 있다고 믿고 있습니다. 신의 역할은 사실상 아무 것도 없고 오로지 인간의 노력으로 구원에 이를 수 있다고 믿는 것입니다. 그러나 구원이란 근본적으로 죄에서의 구원을 뜻합니다. 죄로부터의 구원으로 인하여 하나님으로부터 의롭다 하심을 받은 사람은 영생의 주인공이 되는 것입니다.

이 '의롭다 하심'을 받으려면 착한 일을 열심히 함으로써 되는 것이 아니라 예수님을 믿고 생명으로 따라가는 것으로만 가능하다는 사실을 알아야 합니다. 성경에서 아브라함이 아들 이삭을 제물로 바침으로써 기독교 신앙의 조상이 되었는데 이 때 아들을 제물로 바친 행위 때문이 아니라 아들을 바치더라도 살려주실 하나님, 또는 아들에게 최상의 것을 주실 하나님을 믿는 믿음, 곧 절대적인 신뢰가 아브라함을 구원했던 것입니다.

"만일 아브라함이 행위로써 의롭다 하심을 받았으면 자랑할 것이 있으려니와 하나님 앞에서는 없느니라"(롬 4:2)

천주교나 불교나 이슬람교 공히 인간이 착하게 살면서 공적을 많이 쌓아야 천국에 이를 수 있다고 가르칩니다. 어떤 행위(예를 들어 기도문이나 헌금 등)를 하면 천국에서 어떤 상을 받거나 또는 어떤 위치에 가게 된다는 식입니다. 하지만 그 어떤 선한 행위도 사람을 완전한 의(구원)에 이르게 하지는 못합니다. 어떤 행위로 인하여 구원을 받는다면 그 구원은 사람이 노력해서 쟁취하는 것이 되어 버립니다. 만약에 그렇게 된다고 해도 죄는 여전히 똑같이 그대로 남아 있습니다. 행위로 구원을 받는다고 생각한다면 그것은 단지 착각이거나 오해일 뿐입니다. 물론 악하게 살아도 된다는 뜻은 결코 아닙니다. 기독교의 삶의 원리는 당연히 양보와 희생과 겸손과 섬김입니다. 다만 그것으로 구원을 보상 받지는 못합니다.

• **기독교는 오직 하나님을 '믿음'으로써 구원을 받습니다.**

타종교와 다른 점이 바로 여기에 있습니다. 행위로 구원받을 수 없고 오로지 믿음으로만 구원받을 수 있는 것입니다. 왜냐하면 구원을 위해 인간이 스스로 할 수 있는 일이 전혀 없기 때문입니다. 하나님은 인간의 구원에 사람의 공로가 개입되는 것을 원하지 않으십니다. 물론 개입될 가능성은 전혀 없습니다. 그러므로 하나님은 인간의 행위로는 구원에 이를 수 없고 오직 믿음으로만 구원을 받을 수 있게 하신 것입니다.

이스라엘 사람들은 하나님께서 직접 주신 율법을 그대로 지키기만 하면 구원에 이를 줄 알았습니다. 마음으로 아무리 다른 사람을 미워해도 그 사람을 죽이거나 해치지만 않으면 율법을 완전하게 지킨 것이 됩니다. 믿음이 아니라 겉으로 드러나는 행위에만 모든 초점을 맞추었습니다. 이것이 이스라엘이 멸망한 진정한 이유인 것입니다.

"사람이 의롭다 하심을 얻는 것은 율법의 행위에 있지 않고 믿음으로 되는 줄 우리가 인정하노라"(롬 3:28)

만약에 인간의 구원에 인간의 공로가 들어가면 인간은 죄를 여전히 가지고 있는 상태이기 때문에 오히려 하나님과 반대편에 서게 되어 있습니다. 죄가 그렇게 만들어 버립니다. 그러니까 죄를 사라지게 하지 못하고 인간의 공로를 내세우면 오히려 스스로를 높이고 자랑하게 되는 것입니다. 그러면 오히려 하나님과의 관계는 더 멀어지게 될 뿐입니다. 그래서 행위로 구원이 불가능한 것은 사람이 자기 행위를 자랑할 수 있기 때문이라고 성경에서 말씀하는 것입니다. 어떤 행동 때문에 구원을 받게 된다면 하나님과의 관계가 사라지고 하나님의 은혜도 받을 필요가 없어집니다.

"이는 아무 육체도 하나님 앞에서 자랑하지 못하게 하려 하심이라"(고전 1:29)

하나님의 자녀가 되는 방법은 예수님께서 십자가상에서 우리 죄를 지고 돌아가셨다가 부활하심으로 우리를 구원하셨다는 사실을 믿는 길밖에는 없습니다. 인간의 구원은 믿음으로만 이루어집니다.

4) 신앙생활의 목적이 다릅니다.

- 타종교는 복을 받고 구원받기 위해 신앙생활을 합니다.

인간은 왜 종교생활을 열심히 하는 것일까요? 모든 종교는 이 땅에서 복을 받기 위해 종교생활을 열심히 합니다. 복을 받기 위해 헌금을 많이 하고 기도를 많이 하고 합격하거나 승진을 위해 기도를 열심히 합니다. 사업의 성공을 위해 헌신을 많이 합니다. 물론 교회에서 기독교인들도 유사한 기도를 많이 합니다. 그렇다면 다른 종교와 기독교는 어떻게 다르겠습니까? 만약에 교회에 다니는 성도라도 자기 복 받을 것과 성공하고 승진하기 위해서만 기도를 드리고 있다면 그것은 다른 종교와 별로 다를 것이 없습니다.

또한 이미 살펴보았지만 구원을 받기 위해 종교생활을 열심히 합니다. 다른 말로 하면 천국에 가기 위해 열심을 낸다는 뜻입니다. 아니면 죽어서 더 좋은 곳으로 가기 위해 희생하기도 합니다. 열심을 내는 목적을 보면 거의 세상에서의 복입니다. 무엇인가를 열심히 함으로써 구원에 이르려고 하는 종교심은 피조물로서 하나님을 향하는 인간의 본능이라고 할 수 있습니다. 유한하고 연약한 인간으로서 절대자를 향한 종교심은 당연한 것이지만, 우주 만물의 주인 되시는 여호와 하나님을 찾으려고 하는 것이 아니라 만들어진 신을 통하여 현세에서 복을 받고 천국에 가려는 헛된 욕망으로 인하여 오히려 하나님으로부터 멀어지는 것입니다. 그러다 보니까 대부분의 종교에서는 자기의 열심을 가지고 신을 움직이려고 할 뿐입니다. 결국 다른 종교에서는 어쨌든 자기들이 믿는 신을 자기편으로 만들어서 자기의 뜻을 이루려고 더욱 열심을 내게 되는 것입니다.

우리를 구원하신 하나님의 마음과 뜻은 별로 생각하지 않으면서 오직 자기 종교심을 만족시키거나 소원을 성취하기 위해서나 종교적 목적을 얻기 위해 열심히 신앙생활을 하고 있다면 그것은 세상의 종교와 조금도 다를 것이 없다는 사실을 알아야 합니다. 교회 안에서도 다른 종교에서 하는 것과 똑같은 생각으로 신앙생활을 하고 있다면 그 사람은 예수님과 관계없는 사람일 수도 있습니다.

• **기독교는 구원하심에 감사하여 신앙생활을 합니다.**

사람들이 오해하는 일 중의 하나는 교회에 열심히 다니는 이유가 천국에 가기 위해서라는 것입니다. 하지만 기독교에서 신앙생활을 열심히 하는 이유는 그런 것만이 아닙니다. 이미 예수 그리스도의 피로 말미암아 구원받고 천국에 가게 된 성도들이 감사함으로 하나님을 예배하는 것이 목적입니다. 물론 성도의 최종목적은 천국에 가서 영생을 누리는 것입니다. 하지만 영생이란 예수님을 믿는 순간 이미 시작된 것입니다. 그 영생이 천국에 가서가 아니라 이 땅에서 이루어지고 있을 뿐입니다. 그러니까 교회생활을 열심히 하는 것은 단순히 천국에 가기 위해서만이 아닌 것입니다. 교회생활은 우리의 죄를 사해주시고 구원해 주신 것을 찬양하며 일시적이고 부분적이지만 천국에서의 삶을 누리는 것입니다. 성도 간에 아름다운 사랑과 교제를 통하여 감사하는 것입니다.

"그리스도의 말씀이 너희 속에 풍성히 거하여 모든 지혜로 피차 가르치며 권면하고 시와 찬송과 신령한 노래를 부르며 감사하는 마음으로 하나님을 찬양하고"(골 3:16)

그리고 또 하나의 중요한 부분은 구원받은 성도들이 착한 삶을 통하여 예수 그리스도의 사랑을 전하기 위해 열심히 신앙생활을 하는 것입니다. 그래서 교회 안에서뿐만 아니라 실제 생활 속에서 그리스도의 제자로서의 아름다운 삶을 살아가야 하는 것입니다. 우리 속에 예수님이 계시고 이 세상 속에서도 이미 우리가 영생을 누리고 있다는 사실을 널리 보여줌으로써 하나님의 사랑과 은혜를 전하는 것입니다.

우리만 구원받은 것으로 만족해서는 안 되고, 하나님께서 모든 인간을 위해 십자가에서 못 박혀 죽으셨고 그 사실을 믿으면 영생을 얻게 된다는 사실을 널리 알려야 합니다. 그것을 위해 구원의 복음을 말로 전하기도 하고 착하고 아름다운 삶을 통하여 전파하기도 하는 것입니다. 복 받기 위해서 열심히 신앙생활을 하고 있다면 아직 신앙이 어리거나 복음을 오해하고 있기 때문입니다.

"우리는 우리를 전파하는 것이 아니라 오직 그리스도 예수의 주 되신 것과 또 예수를 위하여 우리가 너희의 종 된 것을 전파함이라"(고후 4:5)

5) 믿음의 대상이 전혀 다릅니다.

• 타종교에서는 믿음의 대상이 불분명합니다.

어느 종교에서나 믿음의 모습은 비슷하게 보입니다. 경전이 있어 그 경전의 가르침을 따라 열심히 종교생활을 합니다. 기도하는 모습을 보면 기독교에서 따라갈 수 없을 정도로 열심을 냅니다. 그 정성은 문자 그대로 하늘을 감동시킬 것만 같습니다. 하지만 대부분 누구인지도 모르는 존재들에게 온갖 정성을 다 쏟아 붓는 것임을 알아야 합니다.

세상의 거의 모든 종교는 만들어진 종교입니다. 살아있는 신을 섬기는 종교는 없다는 말입니다. 때로는 악한 영들이 갖가지 이상한 일을 일으켜 마치 살아있는 신처럼 보이기도 하지만 그 귀신은 단지 인생이 죄에서 벗어나지 못하도록 붙잡고 있는 것일 뿐입니다. 특히 우상이나 거룩한 성상을 만들어놓은 경우에는 그 우상이 손가락 하나 움직이지 못하고 말 한 마디 못하는데도 그것을 신이라고 섬기고 있습니다.

"내가 두루 다니며 너희가 위하는 것들을 보다가 '알지 못하는

신에게'라고 새긴 단도 보았으니 …"(행 17:23)

인간에게는 종교심이 있습니다. 절대자에 대한 의지심은 본능에 가까운 것입니다. 왜냐하면 인간이란 원래 하나님께서 창조하신 피조물들이기 때문입니다. 그래서 어떤 대상을 향해 종교행위를 하지만 그 대상이 불분명하거나 교주를 따르는 것이거나 악한 귀신을 따르는 경우가 대부분입니다. 그리고 인간과 인격적인 교제 자체도 불가능합니다.

모든 종교가 믿는 것은 한마디로 우상들입니다. 자기들이 신이라고 만들어놓고 그 가짜 신에게 복을 비는 것이 일반 종교입니다. 물론 그런 우상들 가운데에는 철학적인 상상의 우상도 있습니다. 그것은 눈에 보이는 우상을 만들지 않아도 마음속의 우상을 섬기는 것입니다. 도를 닦거나 인격을 높이거나 세상 욕심에서 자유로워짐으로써 구원에 이른다는 교리도 보이지 않는 우상일 뿐입니다.

"만국의 모든 신들은 우상들이지만 여호와께서는 하늘을 지으셨음이로다"(시 96:5)

• 기독교의 믿음의 대상은 창조주 하나님이십니다.

사람들은 그러면 하나님이 창조주이고 살아있는 신이라는 사실을 어떻게 믿을 수 있느냐고 합니다. 그리고 예수는 사람인데 어떻게 신이 될 수 있느냐고도 합니다. 하나님과 다른 종교의 신은 어떻게 다릅니까? 어떻게 보이지 않는 하나님께서 살아계실 뿐만 아니라 지금도 그것을 믿는 성도들과 교제를 나누시고 그들과 함께 인간 구원을 이루어나가고 계시는가를 알 수 있겠습니까? 여호와 하나님과 예수님의 구원을 믿는 사람들이 지금까지도 존재한다는 사실이 가장 큰 증거입니다.

예수님의 몸의 부활을 어떻게 믿느냐는 질문과 같습니다. 예수님 당시에 많은 증인들이 있었다는 사실이 부활의 큰 증거이지만 또 다른 중요한 증거가 바로 지금도 부활을 믿는 사람들이 존재한다는 사실입니다. 예수님의 육체의 부활이 아니라면 그 당시 사회적으로 불리한 제자들을 통해서 복음이 전파되지는 못했을 것입니다. 예수님의 십자가 죽으심으로 제자들이 전부 다 도망가 버렸었기 때문입니다. 그럼에도 불구하고 예수님의 부활이 전 세계에 전파되었다는 사실이 하나님이 살아계신다는 가장 명확한 증거입니다.

기도를 드리든 예배를 드리든 물질을 드리든 봉사로 섬기든 가장 중요한 것은 믿음의 대상입니다. 잘못된 대상에게 아무리 정성을 다해서 섬겨도 결국 더 크게 잘못될 뿐입니다. 기독교가 유일한 참 종교인 이유는 기독교의 하나님은 참 신이시기 때문입니다. 참 신이라는 말은 다른 종교에서 섬긴다는 그 신들은 전부 가짜이며 원래 존재하는 신이 아니라 창조주에 의해 만들어진 신이라는 뜻입니다. 이미 언급한 바가 있지만 마귀(사탄)를 포함하여 다른 모든 영들은 원래 하나님께서 창조하신 천사들이었습니다. 하나님께 불순종할 뿐만 아니라 하나님께 반기를 들었다가 저주를 받아 마귀와 귀신이 된 것입니다. 그러니까 진짜 신은 이스라엘의 하나님, 예수님을 이 땅에 보내주신 그 하나님 한 분밖에는 없는 것입니다.

"이스라엘의 하나님은 참 신이시라…"(스 1:3)

참 종교요 유일종교인 기독교에서 믿는 하나님은 창조주이시고 절대자이시며 온 우주 어느 곳에나 존재하시고 그분의 자녀들과 인격적인 교제를 나누시며 자녀들 안에 거하시며 도와주시고 인도하시는 분이십니다. 더 중요한 것은 친히 인간이 되셔서 십자가에서 처형당하심으로써 인간의 구원을 이루어주셨다는 사실입니다. 참 신이신 여호와 하나님과 그 아들 예수 그리스도께서 우리 인간들에게 베풀어주신 은혜는 기묘할 뿐만 아니라 누구도 상상할 수 없는 지혜이며, 사람에게 일방적으로 명하시는 분이 아니라 사람의 수준으로까지 내려와서 대신 죽으신 분입니다. 예수님이야말로 하나님의 지혜의 극치이며 사랑의 최고봉이며 영원하시고 완전한 참 하나님이신 것입니다.

> "이는 한 아기가 우리에게 났고 한 아들을 우리에게 주신 바 되었는데 그의 어깨에는 정사를 메었고 그의 이름은 기묘자라, 모사라, 전능하신 하나님이라, 영존하시는 아버지라, 평강의 왕이라 할 것임이라"(사 9:6)

8
기독교 신앙의 핵심은 무엇입니까?

기독교 신앙의 영적인 원리가 있습니다.
이 원리가 기독교 신앙의 핵심입니다.
인간의 본질과 인간의 미래에 관하여,
인간이 왜 죄를 짓게 되었으며,
어떻게 구원받을 수 있는지
기독교의 핵심원리를 설명합니다.
인간이 교리적으로 만든 원리가 아닙니다.
하나님께서 인간을 구원하시는 원리입니다.
이것을 깊이 생각하고 제대로 이해하면
기독교 신앙을 가질 수 있습니다.
전체적으로 다시 정리합니다.

1) 하나님께서 창조하시고 복을 주셨습니다.

태초에 하나님께서 사람을 창조하셨습니다. 인간 창조는 창조 마지막 날에 이루어졌습니다. 우주만물의 중심으로 인간을 두시려는 것입니다. 빛과 물과 식물과 과일나무와 태양과 동물들을 차례차례 창조하셨습니다. 인간의 생존에 필수적인 모든 요소들을 미리 준비해주신 것이었습니다. 그렇게 모든 조건을 완전하게 만들어놓으시고 나서 인간을 창조하셨습니다. 그리고 그 인간을 어떤 모양으로 만드셨습니까? 하나님의 형상대로 사람을 창조하셨습니다. '하나님의 형상대로'란 사람에게 하나님의 속성 중 일부를 주셨다는 말입니다. 그것은 하나님과 교제하고 사랑할 수 있는 능력을 주셨다는 말입니다. 그러므로 인간은 하나님의 형상이라는 부분을 빼놓고는 성립될 수가 없는 것입니다.

> "하나님이 자기 형상 곧 하나님의 형상대로 사람을 창조하시되 남자와 여자를 창조하시고"(창 1:27)

그렇게 인간을 하나님과 닮은 존재로 창조하실 때에는 그 인간에게 무엇을 주시겠습니까? 이미 사람을 위해 모든 것을 준비해 놓으셨다면 그 모든 것이 사람에게 베풀어주신 큰 복이었습니다. 그래서 하나님은 그 만물을 인간이 어떻게 사용해야 하는지에 대해서도 말씀해 주셨습니다. 그 만물을 전부 다 누리고 살라는 것입니다. 그리고 세상에 넘치도록 충만해져서 온 세상을 다스리라고 하셨습니다. 지구는 하나님께서 특별하게 창조하셔서 인간에게 주신 선물입니다. 세상이 바로 천국이었습니다.

> "하나님이 그들에게 복을 주시며 하나님이 그들에게 이르시되 생육하고 번성하여 땅에 충만하라, 땅을 정복하라, 바다의 물고기와 하늘의 새와 땅에 움직이는 모든 생물을 다스리라 하시니라"(창 1:28)

그리하여 특별히 지구상에 에덴동산을 창조하시고 그곳에 완전한 사람을 살게 하셨습니다. 인간에게 주시는 최고의 복이었습니다. 인간의 무의식 속에 잠재되어 있는 가장 이상적인 곳이 바로 에덴동산입니다. 의식하든 그렇지 않든 인간은 에덴동산을 그리워하면서 살게 되어 있습니다. 앞으로 똑같은 에덴동산은 사라지고 존재하지 않지만 제2의 에덴동산 곧 천국이 사람들을 기다리고 있습니다. 아무튼 하나님은 사람에게 모든 것은 완전하게 다 주셨습니다.

"여호와 하나님이 동방의 에덴에 동산을 창설하시고 그 지으신 사람을 거기 두시니라"(창 2:8)

인간의 본질은 하나님께서 창조하신 피조물이라는 것입니다. 이 말은 인간은 완전하게 창조되었다는 뜻입니다. 죄도 욕심도 다툼도 갈등도 없는 모습이 인간 본래의 모습인 것입니다.

2) 사람이 불순종함으로 죄를 지었습니다.

하지만 하나님을 대적하던 마귀가 뱀의 형상을 하고 나타나 여자를 유혹했습니다. 하나님은 선악 열매를 먹으면 반드시 죽을 것이라고 하셨지만 뱀은 죽는 것이 아니라 오히려 눈이 밝아져서 선악을 알게 되고 그것은 하나님과 같게 되는 것이라고 거짓말로 속였습니다. 마귀는 결코 한꺼번에 공격하지 않습니다. 언제나 틈을 찾아서 비집고 들어오며 거짓말로 의심의 틈새를 만들거나 작은 불신을 크게 키워서 공격합니다. 마귀는 이미 하나님으로부터 저주를 받은 자들이기 때문에 창조 후에 하나님의 피조물을 공격해 들어왔던 것입니다.

"뱀이 여자에게 이르되 너희가 결코 죽지 아니하리라 너희가 그것을 먹는 날에는 너희 눈이 밝아져 하나님과 같이 되어 선악을 알 줄 하나님이 아심이니라"(창 3:4~5)

결국 여자는 뱀의 유혹에 빠져 불순종의 죄를 저지르고 말았습니다. 그 전까지는 선악나무에 별로 관심을 가지지 않았습니다. 원래부터 있던 것이고 하나님께서 금하셨기 때문에 굳이 그것을 먹을 생각조차 하지 않았습니다. 어차피 그들에게 필요한 모든 것들은 완전하게 구비되어 있었습니다. 그러나 뱀의 말을 듣고 나서 다시 선악나무를 쳐다보니까 그 열매가 말할 수 없이 탐스럽고 먹음직스러워 보였습니다. 하와는 그 유혹을 이기지 못하고 그만 그 열매를 먹고 말았습니다. 먹어도 죽지 않았고 아무 탈도 없으니까 아담에게도 권하여 함께 선악열매를 먹기에 이르렀습니다.

"여자가 그 나무를 본즉 먹음직도 하고 보암직도 하고 지혜롭게 할 만큼 탐스럽기도 한 나무인지라 여자가 그 열매를 따먹고 자기와 함께 있는 남편에게도 주매 그도 먹은지라"(창 3:6)

그리하여 아담과 하와는 에덴동산에서 쫓겨나고 죄의 지배 가운데 빠져버렸으며 그 이후에 태어나는 모든 인간들도 에덴동산으로 돌아갈 수가 없게 되었습니다. 하나님께 불순종하고 뱀의 말대로 행한 이것이 인류 최초의 죄였고 그 죄가 에덴동산에 들어옴으로써 인간은 에덴에서 쫓겨나고 말았던 것입니다. 어떻게 아담의 죄가 모든 인간의 죄가 될 수 있는가라는 질문에 대한 대답입니다. 마치 독가스가 방안에 침투해 들어오면 문을 연 사람뿐만 아니라 방안에 있던 모든 사람이 질식하는 것과 같은 원리인 것입니다.

"그러므로 한 사람으로 말미암아 죄가 세상에 들어오고 죄로 말미암아 사망이 들어왔나니 이와 같이 모든 사람이 죄를 지었으므로 사망이 모든 사람에게 이르렀느니라"(롬 5:12)

3) 사람은 하나님과 단절되고 말았습니다.

그리하여 하나님의 말씀대로 인간은 영적으로 하나님 앞에서 죽은 상태가 되어버렸습니다. 선악열매를 먹음으로써 즉시 육체가 죽는 것이 아니라 영혼이 사망하는 것입니다. 영혼의 사망이란 하나님과의 관계가 완전히 끊어진 것을 말합니다. 그래서 예수님을 믿지 않는 사람들은 영적으로 죽어있는 상태입니다. 아담의 불순종의 죄로 말미암아 당장 죽는 것이 아니라 수명이 다하면 언젠가 죽어야 하는 존재로 바뀌어버린 것입니다. 그리하여 하나님은 나머지 하나 남은 생명나무를 지키게 하심으로써 인간 스스로가 그릇된 영생을 얻는 길을 금하셨던 것입니다. 그것은 하나님과의 관계가 완전히 단절된 것을 뜻합니다. 아예 에덴동산에서 쫓겨나 버렸습니다.

"이같이 하나님이 그 사람을 쫓아내시고 에덴동산 동쪽에 그룹들과 두루 도는 불칼을 두어 생명나무의 길을 지키게 하시니라"(창 3:24)

아담과 하와가 하나님의 말씀에 불순종한 것은 돌이킬 수 없는 영원한 죄가 됩니다. 이것을 보통 원죄라고 표현합니다. 일반적으로 죄를 오랫동안 지으면서 회개하지 않으면 하나님과의 관계가 끊어지는데, 물론 이런 보통의 죄는 언젠가 회개하고 돌이키면 하나님과의 관계가 다시 회복됩니다만, 아담과 하와는 그런 보통의 죄가 아니라 영원한 죄를 지었기 때문에 완전히 끊어진 것입니다. 이제는 그 어떤 방법을 사용하더라도 하나님과의 관계가 회복될 수 없게 되었습니다. 상징적이든 실제적이든, 또는 영적이든 육체적이든 그 죄로 말미암아 완전히 죽어버린 것이기 때문입니다.

> "그들의 죄악을 그들에게로 되돌리시며 그들의 악으로 말미암아 그들을 끊으시리니 여호와 우리 하나님이 그들을 끊으시리로다"(시 94:23)

하나님과의 관계가 단절되었다는 것은 하나님의 생명의 원리가 아니라 뱀(마귀)의 사망의 원리를 따라 살 수밖에 없게 되었다는 말입니다. 세상은 그래서 하나님의 원리가 아니라 뱀의 원리를 따라가게 되어버린 것입니다. 이제 에덴동산을 회복할 수는 없습니다.

4) 하나님은 구원의 길을 남겨두셨습니다.

그럼에도 불구하고 하나님은 인간구원을 위한 계획을 세워가셨습니다. 인간이 끝없이 악해져만 가는 것을 보시고 대홍수를 일으켜 노아의 가족 8명을 빼고는 멸절시키셨으며, 홍수 이후에 사람들이 연합하여 바벨탑을 쌓고 하나님께 도전하려고 했을 때에는 세상의 언어를 흩어버림으로써 악한 일에 하나가 되지 못하게 하셨습니다. 그래도 하나님은 타락한 인간 가운데에서 몇몇 사람들을 택하시고 민족을 이루게 하시고 그 민족 가운데에서 하나님의 뜻을 부분적으로 펼쳐나가셨습니다.

그 가운데 하나님께서 조금 열어놓으신 방법은 바로 제사였습니다. 제사란 죄를 지은 사람 대신 짐승을 죽임으로써 그 죄를 사하시는 방법이었습니다. 이스라엘 사람들은 오랫동안 이 제사법을 중심으로 하나님과의 관계를 유지해 나갔습니다. 모세의 율법이란 결국 제사법이 중심이고 이웃사랑이 핵심이었습니다. 제사장이 속죄 제사를 드리는 방법은 다음과 같습니다.

> "너는 수송아지를 회막 앞으로 끌어오고 아론과 그의 아들들은 그 송아지 머리에 안수할지며 너는 회막 문 여호와 앞에서 그 송아지를 잡고 그 피를 네 손가락으로 제단 뿔들에 바르고 그 피 전부를 제단 밑에 쏟을지며 내장에 덮인 모든 기름과 간 위에 있는 꺼풀과 두 콩팥과 그 위의 기름을 가져다가 제단 위에 불사르고 그 수소의 고기와 가죽과 똥을 진 밖에서 불사르라 이는 속죄제니라"(출 29:10~14)

하지만 그런 모든 역사 속에서 인간의 구원 문제를 근

본적으로 해결하기 위한 일을 하나님은 오래 전부터 예언하시고 때를 기다리셨습니다. 그 방법과 때가 바로 예수 그리스도의 탄생이었던 것입니다. 인간의 자기 죄로 인한 완전한 사망을 하나님은 완전한 생명 곧 영생으로 되돌리기로 하셨던 것입니다. 그것은 하나님 자신의 희생이었습니다. 사람의 완전한 타락을 돌이킬 수 있는 방법은 하나님 스스로의 개입 밖에는 없었던 것입니다.

> "하나님이 세상을 이처럼 사랑하사 독생자를 주셨으니 이는 그를 믿는 자마다 멸망하지 않고 영생을 얻게 하려 하심이라"(요 3:16)

하나님은 불순종하고 타락한 인간에게 벌을 내리셨지만 스스로 창조하신 인간에 대한 사랑 때문에 인간을 완전히 버리지 못하시고 구원의 길을 여셨던 것입니다. 부분적으로 죄 사함을 위하여 제사 제도를 만드시고 짐승을 사람 대신 죽게 하심으로 죄 사함을 받을 수 있도록 하셨습니다. 하지만 이것은 극히 부분적인 죄 사함으로, 인간의 태생적인 죄 문제를 완전히 해결할 수 있었던 것은 아닙니다. 하나님은 인간의 상상을 뛰어넘는 극단적인 방법으로 인류를 멸망의 길에서 구원하기로 하셨던 것입니다. 세상의 그 어떤 신도 이런 일을 계획하거나 실행할 수 없으며 그렇게 행한다고 해서 인간을 구원할 수 있는 것도 아닙니다. 인간구원의 길을 계획하시고 마침내 때가 되어 그 길을 열어주신 하나님만이 모든 것을 하실 수 있습니다.

5) 하나님은 스스로 십자가에 달리셨습니다.

그러면 인간구원의 비밀이 무엇일까요? 이미 알고 있겠지만, 하나님의 구원 방법은 완전하여 단 한 번으로 모든 죄 문제를 한꺼번에 풀어버릴 수 있는 방법이었습니다. 그것은 하나님께서 친히 인간의 죄를 짊어지시고 십자가에 달려 죽으시는 것이었습니다. 곧 인간의 죄를 씻어주기 위해 하나님께서 그 죄를 짊어지시는 것입니다. 인간의 입장에서는 결코 갚을 수 없는 은혜이고 인간 스스로는 절대 불가능한 일이지만 하나님의 편에서는 그 방법이 아니면 인간을 구원하실 수가 없기 때문이었습니다. 그렇게 예수님께서 십자가에서 못 박히고 흘려야 하실 피는 언약의 피였습니다. 이미 약속하신 과정이었다는 말입니다. 왜 예수님의 피 흘리심을 언약의 피라고 했을까요? 인간의 죄를 위해서는 생명을 상징하는 피로써

만이 씻을 수 있기 때문입니다.

> "이것은 죄 사함을 얻게 하려고 많은 사람을 위하여 흘리는 바 나의 피 곧 언약의 피니라"(마 26:28)

그러면 왜 하필 십자가였을까요? 그것은 모든 인간의 죄가 십자가 사형에 해당된다는 뜻입니다. 모든 인간은 에덴에서의 죄로 인하여 십자가에 달려 사형당해야 하는 존재들입니다. 그런데 우리 대신 하나님이신 예수님께서 십자가 처형을 당하셨습니다. 그런데 꼭 십자가 처형이었던 이유는 무엇일까요? 십자가형은 세상에서 행해지는 여러 사형방법 중의 하나입니다. 예수님의 피 흘림을 위해서라면 다른 사형방법도 무방했을 것입니다. 성경에서도 나무에 달려 죽는 것에 대해 예언하신 바가 있지만, 십자가형은 오랜 고통 후에 죽게 되며 또 죽어가는 모습을 많은 사람들이 쳐다볼 수 있는 사형방법입니다. 아무튼 만천하에 예수님의 피 흘리심을 통하여 인간구원의 길이 열린다는 사실을 알 수 있게 하신 것이었습니다.

> "사람의 모양으로 나타나사 자기를 낮추시고 죽기까지 복종하셨으니 곧 십자가에 죽으심이라"(빌 2:8)

이것은 하나님의 완전한 의를 만족시키는 것이기도 했습니다. 하나님의 의란, 죄는 반드시 처벌을 받아야 하는 것이니까요. 결국 예수님의 죽으심은 하나님의 의를 만족시킴으로써 인간의 의를 회복시키시는 하나님의 지혜였습니다. 예수님은 겉으로는 세상에서 실패하셨고 사형까지 당하셨지만 오히려 그것이 세상을 구원하는 큰 지혜였던 것입니다. 그것은 죽음을 주관하는 마귀의 세력을 단번에 무너뜨리신 위대한 방법이기도 한 것입니다.

6) 예수님은 사망을 이기고 부활하셨습니다.

그런데 예수님께서 그냥 우리 대신 죽기만 하셨다면 사실상 구원은 이루어질 수 없었습니다. 왜냐하면 그것을 믿는 사람들도 예수님과 함께 죽는 것으로 끝나는 것이니까요. 예수님께서 십자가 피 흘리심으로 모든 과정이 끝나는 것이 아니라 그 죽음의 권세를 이기셔야 비로소 인간의 죄 씻음은 효력을 가지는 것입니다. 세상의 죄는 마귀(뱀)로 인하여 들어온 것이고, 마귀는 죄를 지배하고 있으며, 죄는 죽음으로 끝나는 것이기 때문에 죽음은 마귀가 지배하는 것입니다. 그래서 인간의 구원이 완전해지려면 예수님께서 죽음을 이기시고 부활하셔야만 하는 것입니다.

그것을 위하여 예수님은 죽으신 지 사흘 만에 부활하셨던 것입니다. 이것 역시 성경에 예언되었던 것입니다. 그래서 예수님의 육체의 부활을 믿지 못하거나 거부한다면 그 사람의 구원은 이루어지지 않은 것일 수 있는 것입니다. 예수님의 부활에 대해서는 이미 언급한 바가 있습니다만, 부활의 의미는 십자가에서 죽으신 것만큼이나 복음의 핵심 내용입니다.

> "장사 지낸 바 되셨다가 성경대로 사흘 만에 다시 살아나사"(고전 15:4)

그리고 예수님은 부활하시고 나서 40일 후에 하늘나라로 승천하셨습니다. 예수님의 부활과 승천은 에덴동산에서 불순종함으로써 이 세상에 들어왔던 죄에 대한 승리이자 죽음의 권세를 가지고 있던 마귀에 대한 승리였습니다. 이렇게 하여 인간은 구원받을 수 있게 된 것입니다. 죄를 이기는 방법은 죽음의 주인인 마귀를 이기는 것인데, 마귀에게 승리하려면 마귀의 무기 또는 권한을 무력화시키는 것입니다. 마귀가 가지고 있는 가장 강력한 수단인 죽음을 이기심으로써 죄를 이기고 사망을 이기고 죄의 영원한 심판에서 구원하실 수 있었던 것입니다.

그리하여 구원받은 성도들은 예수님의 죽으심과 승리에 힘입어서 죄와 마귀의 모든 권세를 벗어나 참된 구원에 이르고 영생을 누릴 수 있게 된 것입니다. 세상의 어떤 종교에서 이런 길을 제시할 수 있겠습니까? 성도는 예수 그리스도의 피의 공로로 인하여 죄와 사망에서 구원받은 하나님의 자녀들입니다.

> "자녀들은 혈과 육에 속하였으매 그도 또한 같은 모양으로 혈과 육을 함께 지니심은 죽음을 통하여 죽음의 세력을 잡은 자 곧 마귀를 멸하시며"(히 2:14)

7) 예수님은 재림하시고 성도는 부활됩니다.

그러면 이제 구원받는 성도들에게는 어떤 삶이 남아있겠습니까? 예수님의 십자가 고난과 부활을 믿고 마음에 받아들임으로써 구원받은 하나님의 자녀들이라면 하나님의 자녀다운 삶이 기다리고 있습니다. 죄와 사망에 승리하신 예수님을 믿는 믿음으로 구원받았다면 아직 예수님을 모르는 세상 사람들과 똑같은 삶을 살 수는 없습니다. 하나님의 자녀로서 마귀의 종들과 같이 살아간다면 그 사람은 구원받은 것을 어떻게 증명할 수 있겠습니까? 물론 구원은 내적으로, 영적으로 일어나는 사건이기 때문에 겉으로 확실하게 구별할 수 있는 것은 아니지만 삶의 모습을 보고 대략적으로 알 수 있습니다.

구원받은 성도들의 삶의 모습을 왜 이야기해야 하겠습니까? 앞으로 종말이 오고 예수님의 재림이 올 것이기 때문입니다. 정말로 구원을 받고 영생을 얻었는가에 대해서는 그 마지막 때가 되어서야 확실한 판결이 날 것입니다. 삶의 현장에서 하나님의 자녀다운 삶을 살 때에 그리스도의 복음도 우리를 통해서 널리 전파되는 것입니다.

십자가에서 죽으셨다가 부활하시고 하늘로 올라가신 예수님은 마지막 때가 되면 다시 오실 것을 약속하셨습니다. 인류의 완전한 구원은 아직 완성되지 않은 것입니다. 개인의 구원은 역사 속에서 지속적으로 이루어져왔지만 하나님의 인간구원 계획은 종말이 되어서야 완성되는 것입니다. 종말이 되면 예수 그리스도께서 재림하시고 하늘에서는 최후의 심판이 벌어집니다. 누구도 하나님의 눈을 속일 수도 없고 피할 수도 없습니다. 사람을 위해 십자가에서 고통당하시고 돌아가신 예수님이지만 재림 때에는 그 예수님이 심판의 주인으로 오십니다. 믿지 않는 사람들에게도 길이 참으심으로 인내하시지만 마지막 종말에는 더 이상 기다리지 않으시고 무서운 심판을 내리십니다. 이 심판은 최후의 심판입니다. 결코 돌이킬 수 없는 심판입니다.

> "이르되 갈릴리 사람들아 어찌하여 서서 하늘을 쳐다보느냐 너희 가운데서 하늘로 올려지신 이 예수는 하늘로 가심을 본 그대로 오시리라 하였느니라"(행 1:11)

그리고 마지막 종말이 오면 믿는 성도들이 예수님께서 부활하신 것과 같은 신령한 형태로 부활하게 됩니다. 영생은 그 상태로 영원히 지속되는 것입니다. 우리의 현재의 모습 그대로 천국에서 사는 것이 아닙니다. 천국백성답게 부활체로 변화됩니다. 그렇게 되기 이전에 최후의 심판이 있게 되고 영원하고 완전한 천국이 이 땅에 임하게 됩니다. 최후의 심판에서는 영원토록 지옥에서 고통당할 사람들을 가려내게 됩니다. 저들은 마귀와 그의 종들을 위해 준비된 지옥에서 영원히 고통을 당하게 될 것이고, 구원받은 백성들은 만국을 다스리는 권세를 가지고 아버지 하나님과 아들 예수님과 영생을 누리게 될 것입니다. 마침내 하나님의 인간구원계획은 완전히 성취되는 것입니다.

"또 내가 새 하늘과 새 땅을 보니 처음 하늘과 처음 땅이 없어졌고 바다도 다시 있지 않더라"(계 21:1)

우리는 이제 인간본질과 구원에 관한 이러한 사실들을 깨닫고 이해하게 되었습니다. 이런 구원의 원리를 아는 사람은 소수일 것이고 그것만으로도 대단하다고 할 수 있습니다. 구원에 다가왔기 때문입니다. 그러나 알고 깨닫는 것만으로 구원이 이루어지는 것은 아닙니다. 하나님을 만나야 합니다.

9
기독교의 구원에는 어떤 과정이 있을까요?

어떤 것을 아는 것과 믿는 것은 다릅니다.
마귀도 예수님이 구원자라는 사실을 압니다.
"네가 하나님은 한 분이신 줄을 믿느냐
잘 하는도다 귀신들도 믿고 떠느니라"
(야고보서 2:19)
사실을 아는 것은 반드시 필요하지만
사실을 믿어야 구원 받을 수 있습니다.
진심으로 예수님을 받아들여야 합니다.
예수님을 주인으로 모셔야 합니다.
그리고 성도로 살기를 결단해야 합니다.

1) 오직 믿음으로만 구원받을 수 있습니다.

앞 장에서 우리는 기독교 신앙의 핵심에 대해서 살펴보았습니다. 기독교 신앙은 바로 그런 사실을 마음에 받아들이고 하나님의 아들 예수님을 인생의 주인으로 삼는 것입니다. 기독교 신앙의 일곱 가지 핵심을 다시 한 번 살펴봅니다.

① 하나님께서 창조하시고 복을 주셨습니다.

② 사람은 불순종함으로 죄를 지었습니다.

③ 사람은 하나님과 단절되고 말았습니다.

④ 하나님은 구원의 길을 남겨두셨습니다.

⑤ 예수님은 스스로 십자가에 달리셨습니다.

⑥ 예수님은 사망을 이기고 부활하셨습니다.

⑦ 예수님은 재림하시고 성도는 부활됩니다.

앞서 구원은 행함으로 이루어지는 것이 아니라 믿음으로 이루어진다고 했습니다. 기독교신앙의 핵심을 모두 이해했다고 해도 이러한 모든 사실을 믿지 않으면 구원을 얻을 수 없습니다. 물론 믿음이란 내가 믿고 싶다고 해서 저절로 믿어지는 것은 아닙니다. 믿고 결단하려는 마음 자체가 성령님께서 주신 마음입니다.

"네가 만일 네 입으로 예수를 주로 시인하며 또 하나님께서 그를 죽은 자 가운데서 살리신 것을 네 마음에 믿으면 구원을 받으리라 사람이 마음으로 믿어 의에 이르고 입으로 시인하여 구원에 이르느니라"(롬 10:9~10)

다만, 믿음이란 입으로 시인하는 것에 그치는 것이 아니라 구세주 예수님을 자기 인생의 주인으로, 생명으로 받아들이고 인생의 최우선순위로 모시고 살겠다는 믿음이 참 믿음인 것입니다. 그것은 다른 종교와의 차이점, 곧 이 세상에서의 복을 얻고 잘 살기 위한 믿음이 아니라 예수님의 십자가 은혜에 감사하고 모든 삶을 통하여 예수님의 마음을 품고 하나님의 영광을 위하여 살겠다는 결단인 것입니다. 그런 믿음은 더욱 가치 있고 가장 복된 인생이라는 것을 아는 것입니다. 무엇보다 믿는 사람에게는 영생이 주어진다는 사실은 참된 믿음을 가져야 하는 목적이 되는 것입니다.

"예수께서 이르시되 나는 부활이요 생명이니 나를 믿는 자는 죽어도 살겠고 무릇 살아서 나를 믿는 자는 영원히 죽지 아니하리니 이것을 네가 믿느냐"(요 11:25~26)

2) 예수님을 주인으로 모시기로 결단해야 합니다.

이제 마지막으로 예수님을 당신 인생의 주인으로 모셔 들이기로 결단해야 합니다. 이것은 앞으로 예수님의 가르치심을 따라 살려고 애쓰며 모든 중심을 예수님으로 삼겠다는 인생의 결단입니다. 믿는다는 것은 바로 이런 결단을 말하는 것입니다. 그렇게 예수님께서 베풀어주신 모든 은혜를 받아들이고 예수님의 이름으로 살겠다는 약속을 하게 되면 비로소 하나님의 자녀가 되는 권세를 받게 되는 것입니다. 생각해 보십시오. 우리는 우리의 구원을 위해 아무 것도 한 것이 없지만 다만 예수님께서 구원자시라는 사실을 믿고 받아들이기만 하면 하나님의 자녀가 되는 것입니다. 상징이 아니라 실체입니다. 그것은 마귀와 악한 영들에게는 큰 권세가 되는 것입니다. 우리가 믿는 이상 우리를 건드리지 못합니다.

> "영접하는 자 곧 그 이름을 믿는 자들에게는 하나님의 자녀가 되는 권세를 주셨으니"(요 1:12)

이 결단은 또한 예수님을 주인으로 모시고 살아가는데 방해나 고난이 닥칠지라도 예수님과 함께 모든 것을 이겨나가겠다는 결심이기도 합니다. 미래의 일을 사람이 알 수는 없지만 인생의 마지막까지 예수님만을 따라 살겠다는 각오이기도 한 것입니다. 시대와 국가에 따라 많은 상황이 주어지겠지만 어떤 상황에서도 예수님의 가르치심을 따라 살려고 하면 세상과 부딪히게 되어 있다는 사실을 알아야 합니다. 그것은 박해 또는 유혹으로 성도를 공격합니다. 하지만 영생을 위해서는 그런 싸움도 반드시 필요합니다. 마귀는 아담을 무너뜨린 것처럼 성도를 지속적으로 공격하는 존재입니다.

> "내가 너희 중에서 예수 그리스도와 그가 십자가에 못 박히신 것 외에는 아무 것도 알지 아니하기로 작정하였음이라"(고전 2:2)

기독교인이 된다는 것은 이러한 모든 사실을 인정하고 인생의 생사화복을 하나님께 전부 맡긴다는 것을 뜻하는 것입니다. 그러나 그것은 세상에서 가장 가치 있는 일이고 가장 복된 일입니다.

3) 예수님 영접기도를 드리십시오.

이제 당신에게 새로운 삶이 시작된다는 사실을 깨달으시고 진정한 마음으로 다음과 같이 하나님께 기도드리십시오. 만약에 지금까지 설명한 내용들이 믿어지지 않거나 마음에 허락되지 않는다면 억지로 기도하지 않으셔도 됩니다. 믿음은 진실로 받아들이지 않으면 하나님의 자녀가 될 수 없습니다. 그러나 아직 분명하지 않고 그렇다고 거부하고 싶은 마음도 없다면 아래 기도를 따라 간절한 마음으로 기도하시기 바랍니다. 입으로 고백할 때 믿음이 생기는 것이니까요.

그리고 영접기도를 드린다는 것은 가능한 한 교회와 목회자의 인도를 따라 신앙생활을 하겠다는 결단이기도 합니다. 억지로나 상황에 밀려서 기도하지는 마십시오. 이제 이런 모든 점을 고려하여 인도자가 차례차례 영접기도문을 읽으면 따라서 읽으면서 기도하면 됩니다. 함께 기도하겠습니다.

"하나님, 이 시간 하나님께 믿음을 가질 수 있기를 위하여 기도드립니다. 여태까지 하나님을 외면한 일이 큰 죄임을 깨달았습니다. 이 모든 죄를 용서하여주시기를 간절히 바랍니다. 믿음으로 기도드리오니 저의 죄를 사해주심을 믿습니다.
이제 예수님을 나의 주인으로 영접하고자 하오니 받아주옵소서. 나를 위해 십자가에서 고통당하신 예수님, 죽으셨다가 다시 살아나셔서 성령님으로 저를 인도하시는 예수님, 그리고 언제인가 꼭 다시 오실 그 예수님을 진실한 마음으로 영접합니다.
이제 하나님의 자녀로서 세상을 살아가려고 하오니 세상의 훼방을 이길 수 있도록 힘을 주시옵소서. 저의 내면의 유혹도 다 이길 수 있게 해 주시옵소서. 모든 말씀을 우리 주 예수 그리스도의 이름으로 기도드립니다. 아멘."

4) 이제 성령님께서 항상 함께 하십니다.

당신이 진심으로 예수님을 믿고 영접하셨다면 그것은 전적으로 성령님의 감동을 따라서 이루어진 일입니다. 왜냐하면 사람의 지식으로는 예수님을 주님으로 모실 수가 없기 때문입니다. 성령 하나님은 사람의 마음에 임하셔서 예수님을 주님으로 영접할 수 있도록 이끄시는 분입니다. 마음으로 느낌이 없다고 해도 성령님이 아니시면 우리는 믿음을 가질 수 없습니다. 믿음을 가질 때 때로는 신비한 영적 경험을 주기도 하시지만 대개는 믿기로 결단하는 그 자체가 성령님께서 개입하신 결과인 것을 믿으시기 바랍니다. 이것은 당신의 주인이 당신 자신에서 예수님으로 완전히 바뀐 것을 뜻합니다. 이제는 내 뜻대로 인생을 사는 것이 아니라 하나님의 뜻대로 사는 것입니다. 성령님께서 그것을 도와주셨습니다.

> "성령으로 아니하고는 누구든지 예수를 주시라 할 수 없느니라"(고전 12:3下)

이제부터는 성령님께서 당신과 항상 함께 하십니다. 당신이 하나님을 떠나지 않는 이상 성령님께서 당신을 떠나는 일은 없습니다. 성령님은 예수님을 대신해서 성도들과 함께 영원토록 거하시는 분이기 때문입니다. 우리가 하나님의 말씀을 듣고 그 말씀대로 살 수 있는 이유는 바로 성령님께서 함께하시기 때문입니다. 성령님은 신비한 은사를 주기도 하시고 말씀을 깊이 깨닫게도 하시며 박해와 고난을 이길 수 있는 힘과 능력을 주기도 하십니다.

> "그가 또 다른 보혜사(성령)를 너희에게 주사 영원토록 너희와 함께 있게 하리니"(요 14:16)

이제 성령님은 예수님을 주로 영접한 당신의 안에 거주하십니다. 성령님의 거주는 느낌이나 감각으로 알 수 있는 것은 아닙니다. 마음이 감동되어 예수님을 주로 영접하신 것이 성령님이 내주하시는 증거가 되는 것입니다. 당신이 진실로 예수님을 영접하셨다면 이제부터 성령님께서 당신과 함께 하십니다.

5) 지금부터 예수님은 생명의 주인이십니다.

다시 한 번 확인해야 할 것은 예수님께서 우리 죄를 위해 생명을 버리셨다면 우리도 예수님을 생명으로 여겨야 한다는 것입니다. 예수님을 믿는다는 한 가지 이유 때문에 사람들로부터 박해를 받거나 따돌림을 당하거나 손해를 볼 수도 있습니다. 하지만 인생의 진정한 가치는 오로지 하나님께 있다는 생각으로 생명 되시는 예수님을 끝까지 섬길 수 있어야 합니다.

그렇게 되면 하나님은 반드시 우리를 책임져 주시고 복을 쏟아부어주십니다. 오히려 세상에서 상처를 입어도 하나님을 열심히 섬기면 하나님은 인생의 모든 부분에서 복을 부어주십니다. 때로는 손해를 보는 것 같은 때도 있지만 하나님은 몇 갑절로 다 갚아주십니다. 오로지 예수님만 의지하시는 신실한 그리스도인이 되시기를 바랍니다. 그것이 생명을 유지하는 방법입니다.

> "누구든지 제 목숨을 구원하고자 하면 잃을 것이요 누구든지 나를 위하여 제 목숨을 잃으면 구원하리라"(눅 9:24)

지금 당신은 영적으로 볼 때 마치 어린아이와 같은 상

태입니다. 이제 하나님의 자녀로서의 삶을 시작하는 것입니다. 어떤 신비한 현상을 체험하지 못했다고 해서 문제가 되는 것은 아닙니다. 그런 체험을 하는 사람도 있지만 그렇지 못한 사람이 훨씬 더 많습니다. 당신이 믿음을 가졌다는 사실에 변함이 없다면 그 믿음이 당신을 이끌어갈 것입니다. 당신이 예수님을 믿는다는 사실이 가장 큰 기적입니다. 사람으로 오신 예수님을 하나님의 아들로, 구원자로 믿는다는 것은 기적 중의 기적입니다. 오히려 신비한 현상을 보거나 체험하지 않고 믿는 것은 더 큰 기적입니다. 수많은 사람들 중에 당신이 예수님을 영접했다는 사실은 하나님의 은혜가 아니고는 일어날 수 없는 일인 것입니다. 당신의 생명의 주인, 인생의 주인은 바로 예수 그리스도이십니다.

이제는 교회에서 신앙생활을 시작해야 합니다. 교회란 하나님의 부르심을 받은 사람들 곧 성도들의 모임입니다. 건물이나 장소가 아니라 믿는 사람들의 모임 자체가 교회라는 말입니다. 다음에 자세하게 살펴보겠지만 교회는 기독교인들이 예수님을 주인으로 모시고 신앙생활을 잘 할 수 있도록 도와주는 곳입니다. 한 교회의 성도들은 모두가 똑같이 하나님의 자녀들입니다. 물론 이 세상의 모든 성도들도 똑같이 하나님의 자녀들입니다.

하나님은 예수님의 사랑으로 성도들이 하나가 되라고 하셨습니다.

또한 하나님은 생활 속에서 하나님의 자녀로 살기를 원하십니다. 사실은 그것을 위해서 우리를 부르셨습니다. 그러나 그런 삶은 바른 믿음을 가지면 자연스럽게 일어나는 모습이지 억지로나 강제적으로 행할 수는 없습니다. 교회에서 믿음의 형제들과 하나님을 사랑하는 일과 생활 속에서 믿지 않는 이웃들을 사랑하며 섬기는 일이 기독교인들에게 주시는 하나님의 뜻입니다. 그것이 성령을 따라 행하는 것이고 세상에서 승리하는 길인 것입니다.

> "내가 이르노니 너희는 성령을 따라 행하라 그리하면 육체의 욕심을 이루지 아니하리라"(갈 5:16)

당장 무엇을 할 수 있다는 말이 아닙니다. 그러나 방향은 하나님사랑과 이웃사랑으로 나아가야 합니다. 이런 사실을 알고 성령님이 이끄시는 대로 교회에 출석하여 복된 인생을 누리시기 바랍니다. 당신은 지금 세상에서 가장 행복한 사람입니다.

10
이제 예수님과 당신은 어떤 관계입니까?

당신은 예수님을 주인으로 영접하고
하나님의 자녀가 되었습니다.
이제는 어린아이가 세상에 태어난 것처럼
당신은 영원한 생명을 얻었습니다.
이렇게 영접하고 거듭난 것은
예수님과 절대로 끊을 수 없는
새로운 관계가 시작된 것입니다.
그렇다면 당신과 예수님은
이제 어떤 관계가 된 것일까요?
감정으로 느껴지지는 않겠지만
하나님의 말씀이 증명하는 것입니다.

1) 양과 목자 사이

예수님께서 잃어버린 한 마리 양을 지금도 찾고 계신다는 사실을 앞에서 이미 살펴보았습니다만, 이제 당신은 잃어버린 한 마리 양이 아니라 다시 찾은 양이 되었습니다. 당신은 모든 인간의 주인은 창조주이시고 주인 되시는 하나님을 떠나 자기 마음대로 살고 있었습니다. 그러나 지금은 진정한 목자 되시는 예수님의 인도하심과 보호하심을 받는 예수님의 양이 되었습니다. 잊지 말아야 할 것은 예수님은 잃어버린 당신을 찾기 위하여 목숨까지 주셨다는 사실입니다. 그 은혜를 잊지 말아야 하는 것은 예수님이 우리 믿는 사람들의 생명이기 때문입니다. 생명을 주신 분을 생명으로 여기는 것은 당연한 일입니다.

이스라엘이 기본적으로 유목민이기는 합니다만, 그래서 이스라엘 사람들이 목자와 양의 비유를 잘 이해하기도 하지만, 더 중요한 것은 양과 목자의 관계입니다. 양은 우선 약하고 어리석다고 했습니다. 만약에 목자 없이 들판에 양들만 모여 있으면 반드시 맹수의 밥이 되고 맙니다. 그리고 풍부한 물과 부드러운 풀이 어디에 있는지 도무지 찾아갈 수가 없는 존재들입니다. 그러니까 양은 목자가 없으면 양으로서 생존 자체가 힘들어진다는 것입니다.

성도에게 가장 어려운 일이 무엇이겠습니까? 마치 맹수와도 같은 악한 영들이 우리의 신앙을 공격하고 믿음 때문에 만나는 어려운 환경을 헤쳐 나가야 하는 문제들입니다. 목자 되시는 예수님이 아니면 무엇을 어떻게 해야 할지 분별조차 하기가 어려워지는 것입니다. 양은 또한 근시이기 때문에 멀리 볼 수 없고 방향감각도 부족합니다. 그래서 양들이 이동할 때에는 그저 앞서가는 양의 뒤를 따라갈 뿐입니다. 그러니까 한 마디로 양은 목자 없이는 살 수 없는 존재인 것입니다.

> "우리는 다 양 같아서 그릇 행하여 각기 제 길로 갔거늘 여호와께서는 우리 무리의 죄악을 그에게 담당시키셨도다"(사 53:6)

우리가 다 양 같지 않습니까? 세상을 정복한 것 같지만 사실은 다 갈 길을 모르는 약한 존재들입니다. 그래서 예수님이 우리들에게 목자가 되어 주셔야 비로소 진리의 길을 찾을 수 있는 것입니다. 잘 나갈 때에는 스스로가 대견스럽고 남들에게 자랑하지만 어려운 문제를 만나면 우리는 갑자기 약하디 약한 존재가 되어버립니다. 사람들은 원래 그런 것으로 알고 그냥 살아가지만 사실은 그것은 인생의 참된 주인인 목자가 아니라 유혹으로 죄의 사슬에서 벗어나지 못하게 만드는 도둑의 전략일 뿐입니다. 우리는 다 양들과 같은 존재들입니다.

예수님은 당신을 개인적으로 잘 아십니다. 왜냐하면 이미 당신을 위해 목숨을 버리셨을 뿐 아니라 앞으로도 당신을 위해 희생하실 것이니까요. 양들은 영문도 모른 채 고통당할 수 있지만 목자 되시는 예수님은 모든 문제를 담당하시고 우리를 옳은 데로 인도하십니다. 생명을 주신 예수님을 위해 우리도 목자 되시는 예수님께 생명을 전부 맡겨야 하는 것입니다.

> "나는 선한 목자라 나는 내 양을 알고 양도 나를 아는 것이 아버지께서 나를 아시고 내가 아버지를 아는 것 같으니 나는 양을 위하여 목숨을 버리노라"(요 10:14~15)

또한 우리가 반드시 알아야 할 것은 예수님은 우리의 문이라는 사실입니다. 그 문을 드나들면서 생명의 양식을 얻고 보호를 받으며 복을 받게 되는 것입니다. 우리의 모든 선택과 결정은 양의 문을 통하여 이루어져야 합니다. 왜냐하면 그것이 가장 복되고 가치 있는 길이기 때문입니다. 우리가 예수님을 왜 믿어야 합니까? 가장 보람되고 가치 있고 생명 되는 삶을 살아야 하기 때문입니다. 다른 것으로는 결코 얻을 수 없습니다.

"그러므로 예수께서 다시 이르시되 내가 진실로 진실로 너희에게 말하노니 나는 양의 문이라 … 내가 문이니 누구든지 나로 말미암아 들어가면 구원을 받고 또는 들어가며 나오며 꼴을 얻으리라"(요 10:7, 9)

예수님은 당신이 실패하더라도 끝까지 찾아가 당신을 구해주시고 보호해주십니다. 오로지 목자 되신 주님만을 믿고 따라가시기 바랍니다. 우리가 아무리 구원받은 백성이라도 양과 같이 어리석기 때문에 때로는 실수를 하거나 목자의 곁을 떠날 때도 있습니다. 그럴 때에도 예수님은 어김없이 우리를 찾아서 다시 회복시켜 주십니다. 당신은 이제 틀림없이 예수님의 양입니다.

"예수께서 가라사대 너희 중에 어느 사람이 양 한 마리가 있어 안식일에 구덩이에 빠졌으면 붙잡아 내지 않겠느냐"(마 12:11)

2) 친구 사이

사람에게서 친구 사이는 가장 가까운 사이라고 할 수 있습니다. 비밀이 없고 남들에게 하지 못할 말도 서로 나누는 사이입니다. 예수님과 우리가 친구 사이라면 못할 말이 없고 숨길 것이 없는 사이라는 뜻입니다. 정말 그렇습니다. 예수님은 우리의 모든 것을 다 알고 계십니다. 부끄러운 점이나 잘 하는 점, 단점과 장점을 상세하게 다 알고 계시니까요. 숨긴다고 숨겨지는 것이 아니고 과장한다고 그렇게 되는 것도 아닙니다. 그렇기 때문에 모든 것을 내려놓아야 친구가 되는 것입니다.

목자와 양의 관계와 친구의 관계는 차이가 있는 것 같습니다. 목자와 양은 보호자와 피보호자의 관계이지만 친구관계는 동등하기 때문입니다. 하지만 그런 역할의 측면이 아니라 관계의 측면에서 보자면 얼마든지 친구가 될 수 있습니다. 예수님께서 그래서 친구들에게 모든 것을 알려주시는 것입니다.

"너희는 내가 명하는 대로 행하면 곧 나의 친구라 이제부터는 너희를 종이라 하지 아니하리니 종은 주인이 하는 것을 알지 못함이라 너희를 친구라 하였노니 내가 내 아버지께 들은 것

을 다 너희에게 알게 하였음이라"(요 15:14~15)

일찍이 하나님도 친구와 같은 사람을 언급하신 적이 있습니다. 모세를 친구와 이야기하는 것 같이 대면한다고 하셨습니다. 모세가 모든 것을 숨기지 않고 있는 그대로 하나님을 대한다는 말입니다. 그만큼 하나님과의 사이에 가리는 것이 없다는 뜻이기도 합니다.

"사람이 그 친구와 이야기함 같이 여호와께서는 모세와 대면하여 말씀하시며 모세는 진으로 돌아오나 그 수종자 눈의 아들 청년 여호수아는 회막을 떠나지 아니하니라"(출 33:11)

물론 친구라고 하여 사람의 친구와 같이 그렇게 될 수 있는 것은 아닙니다. 사람들이 예수님을 세리와 죄인들이 친구라고 비난한 적이 있었습니다. 그러니까 친구란 늘 함께 어울리며 자주 먹고 마시는 사람들을 뜻하기도 합니다. 사실 우리는 24시간 예수님과 친구처럼 살고 있습니다. 우리가 예수님을 의식하지 못할 때가 대부분이겠지만 예수님은 항상 우리의 친구가 되어 주신다는 사실을 믿기 바랍니다.

"인자는 와서 먹고 마시매 너희 말이 보라 먹기를 탐하고 포도주를 즐기는 사람이요 세리와 죄인의 친구로다 하니"(눅 7:34)

친구 되시는 예수님은 성경을 통해 모든 것을 이미 다 열어놓으셨습니다. 예수님은 친구이시지만 우리가 정말 가야 할 길을 정확하게 아십니다. 그러니까 우리에게 가장 좋은 길이 무엇인가를 너무나도 환하게 알고 계십니다. 그래서 예수님은 안타까운 마음으로 우리들에게 꼭 필요한 말씀을 주시는 것입니다. 우리와 가장 가까운 친구가 예수님이신데 그 예수님을 따라가지 않고 세상의 유혹과 박해하는 자를 두려워하겠습니까? 영생을 주시는 친구 예수님만을 따라야 하는 이유입니다.

"내가 내 친구 너희에게 말하노니 몸을 죽이고 그 후에는 능히 더 못하는 자들을 두려워하지 말라"(눅 12:4)

그렇게 본다면 우리는 더욱 예수님과 친구가 되어야 합니다. 예수님은 늘 우리와 함께 하시고 친구가 되어 주셔서 우리들의 고민을 들어주시고 즐거운 일을 축복해주시기 때문입니다. 날마다 예수님과 친구처럼 말씀을 묵상하고 기도하는 우리가 되어야 하겠습니다.

3) 포도나무와 가지 사이

예수님을 믿는다는 것은 마치 가지가 포도나무에 붙어 있는 것과 유사합니다. 왜냐하면 포도나무가 땅 속에 뿌리를 깊이 박고 지하수와 양분을 빨아올리기 때문입니다. 거센 바람이 불어도 포도나무가 든든하게 버티어 줍니다. 포도나무 가지들이 할 일은 나무에 붙어서 나무가 빨아올린 수분과 양분들을 나누어 가져가면 되는 것입니다. 마찬가지로 성도는 예수님께 붙어 서서 성경말씀을 통하여 영적인 양분을 공급받고, 기도를 통하여 영적인 숨을 쉬고, 봉사와 헌신을 통하여 영적인 수분과 양분들을 소화하여 삶의 열매를 맺게 되는 것입니다.

이 포도나무와 가지의 비유도 이스라엘 사람들에게 아주 친숙한 소재입니다. 이스라엘에는 물이 부족한 지역이 많기 때문에 일상적인 식사 때에는 포도주를 식용으로 사용하고 있습니다. 그러니까 포도 열매와 포도나무는 비유로 설명하면 아주 정확하게 예수님과 성도의 관계를 설명할 수 있는 것입니다. 예수님과 성도들 사이를 가장 쉽게 설명한 것이 포도나무와 가지의 비유입니다.

성도는 포도나무에 붙어 있는 가지처럼 예수님께 항상 붙어있어야 큰 복이 된다는 말씀입니다.

> "내 안에 거하라 나도 너희 안에 거하리라 가지가 포도나무에 붙어 있지 아니하면 절로 과실을 맺을 수 없음 같이 너희도 내 안에 있지 아니하면 그러하리라"(요 15:4)

포도나무에 붙어있지 못한 가지는 그대로 말라죽을 수 밖에 없습니다. 아니 포도나무에서 떨어지는 순간 이미 죽은 것입니다. 이것을 교회생활과 동일시할 수는 없지만 생명의 원리는 같다고 할 수 있습니다. 포도나무에서 가지가 떨어져나가면 그 가지는 죽은 것과 똑같습니다. 꽃이나 열매를 논할 필요도 없습니다. 마찬가지로 교회에서 다른 형제들과 함께 신앙생활을 하지 못하면 그 사람의 영성은 차츰 말라가기 시작합니다. 영성이란 영적인 생명력이라고도 할 수 있습니다. 교회와 성도의 관계가 그렇듯이 예수님과 우리의 관계는 포도나무와 가지의 관계와 같은 것입니다.

> "사람이 내 안에 거하지 아니하면 가지처럼 밖에 버리워 말라 지나니 사람들이 이것을 모아다가 불에 던져 사르느니라"(요

15:6)

우리는 많은 경우에 무엇인가를 열심히 해서 결과를 남기려고 애를 씁니다. 그렇게 일을 중심으로 신앙생활을 하다가 보니까 그 일에 파묻혀서 예수님을 잃어버릴 때가 많습니다. 항상 예수님과 친구가 되어야 하는데 예수님 대신 일을 택하는 것입니다. 그러나 열매는 열심히 일한다고 풍성하게 되는 것이 아닙니다. 포도나무에 잘 붙어있기만 하면 열매는 저절로 거두게 되는 것입니다. 교회에서나 일터에서 예수님의 말씀을 항상 품고 살아간다면 풍성한 과실을 많이 거둘 수 있다는 말씀입니다. 포도나무가 왕성해야 가지가 풍성하고 좋은 열매들이 맺히는 것처럼 언제나 예수님과의 관계에 중점을 두고 가지처럼 살아간다면 우리가 그토록 힘쓰고 애쓰지 않더라도 수많은 열매를 거두게 될 것입니다.

"나는 포도나무요 너희는 가지라 그가 내 안에, 내가 그 안에 거하면 사람이 열매를 많이 맺나니 나를 떠나서는 너희가 아무 것도 할 수 없음이라"(요 15:5)

4) 신랑과 신부 사이

예수님과는 친구 사이와 같다는 비유와는 또 다른 차원의 표현은 예수님과 성도의 관계를 신랑과 신부의 관계에 비유한 것입니다. 신랑과 신부의 관계는 친구와의 관계처럼 가장 친밀한 관계이지만 친구관계와는 전혀 다른 모습을 나타내고 있습니다. 예수님과의 관계가 얼마나 밀접해야 하는가를 강조하는 비유가 친구관계와 신랑 신부의 관계이지만 신랑 신부의 관계는 더욱 내밀한 비밀을 간직하고 있으며 감정적으로 가슴 뛰고 몹시 기다려지는 그런 관계입니다. 우리가 예수님과의 만남이나 천국을 향한 기대감을 신랑을 기다리는 처녀의 모습에서 찾을 수 있는 이유인 것입니다. 그것은 자신의 모든 것을 걸고 최우선적으로 준비하고 영접하는 모습을 뜻하는 것입니다. 들러리로 신랑을 기다리는 처녀에게 있어서 신랑을 맞이하는 일보다 더 우선되는 일이 어디에 있겠습니까?

"그 때에 천국은 마치 등을 들고 신랑을 맞으러 나간 열 처녀와 같다 하리니"(마 25:1)

사실상 신랑과 신부의 관계보다 더 가까운 관계는 없을 것입니다. 연애감정이 그대로 살아있는 신랑과 신부는 이 세상에서 가장 행복한 존재들일 것입니다. 다른 말로 하면 예수님과 성도의 관계가 마치 이와 같아야 한다는 말씀입니다. 솔로몬은 아가서를 통하여 신랑과 신부의 연애 이야기를 기록했는데 이것은 하나님과 백성의 관계를 극적으로 비유한 것입니다.

"나의 누이, 나의 신부야 네가 내 마음을 빼앗았구나 네 눈으로 한 번 보는 것과 네 목의 구슬 한 꿰미로 내 마음을 빼앗았구나"(아 4:9)

그러나 신부만 신랑을 기뻐하며 기다리는 것이 아닙니다. 하나님께서는 이스라엘 백성들을 맞이할 때 얼마나 기뻐하시는지를 설명하셨습니다. 예수님과의 관계는 일방적인 관계가 아닙니다. 생각해보십시오. 신랑 되시는 예수님은 신부를 맞이하기 위해 목숨까지 버리셨습니다. 모든 것을 아낌없이 주신 신랑 예수님께서 우리 신부를 기뻐하지 않으시겠습니까? 하나님은 마치 신혼부부가 서로를 그리워하고 기뻐하는 것처럼 그렇게 우리를 기뻐하시는 것입니다. 하나님은 지금 당신을 너무나도 기뻐하고 계십니다.

"마치 청년이 처녀와 결혼함 같이 네 아들들이 너를 취하겠고 신랑이 신부를 기뻐함 같이 네 하나님이 너를 기뻐하시리라"(사 62:5)

성경에서 하나님을 '안다'고 할 때 바로 이 부부 사이에 서로 알듯이 하나님을 친밀하게 아는 것으로 표현하고 있습니다. 최후의 순간에 새 하늘과 새 땅이 지상에 내려오는 모습도 마치 신부가 신랑을 위하여 단장한 것 같다고 했습니다. 세상의 종말과 예수님의 재림 때에 지금까지 있던 것은 다 사라지고 하늘에서 새 예루살렘 성이 내려오게 되는데 그 모습이 마치 신부가 남편을 위하여 가장 아름답게 단장하는 것과 같다고 했습니다. 자신이 꾸밀 수 있는 최대한의 모습을 보여주기 위해 모든 준비를 다하는 것과 같은 것입니다. 우리는 예수님을 마치 신랑을 기다리는 신부와 같이 사모하며 맞이할 수 있어야 하겠습니다.

"또 내가 보매 거룩한 성 새 예루살렘이 하나님께로부터 하늘에서 내려오니 그 예비한 것이 신부가 남편을 위하여 단장한

것 같더라"(계 21:2)

예수님과 우리의 관계는 감출 수도 속일 수도 없거니와 내 속에 있는 모든 것을 다 아시므로 내가 잘못한 것, 죄 지은 것, 속상한 것, 상처 입은 것, 낙심한 것, 절망한 것, 못된 것, 화난 것, 죽고 싶은 것 등 나에게 일어나는 모든 속 감정을 다 아십니다. 그래서 비록 부끄러운 죄일지라도 남김없이 다 예수님께 고백하고 회개할 수 있으며 그것을 이길 수 있도록 힘을 달라고 기도할 수 있는 것입니다. 신부가 신랑의 속뜻을 모르는 채 자기 마음대로 하려고 할 때도 있지만 그 신랑은 끝까지 기다려주시는 분입니다. 예수님과 성도의 정상적인 관계는 신랑과 신부의 관계임이 틀림없습니다.

5) 형제(가족) 사이

많은 경우에 예수님을 그다지 친밀하지 않게 생각하고 예수님을 무서운 분이나 딱딱한 분으로 생각하고 있을 것입니다. 그래서 마치 예수님은 감정도 없으시고 성도의 부족하고 연약한 모습을 무표정으로 바라보실 것으로 상상하기도 합니다. 그러나 예수님은 우리의 슬픔을 함께 슬퍼하시고 우리의 기쁨에 동참하시며 힘이 빠졌을 때 힘을 더하여 주시고 무능할 때 능력을 주시는 분이십니다. 이런 모습들은 성경 여기저기에 잘 제시되어 있습니다. 예수님께 대한 오해는 우리가 예수님을 그다지 친밀하게 생각하지 못하기 때문입니다.

우리는 지금까지 예수님과의 관계를 친구 사이, 신랑과 신부 사이 등으로 비유한 말씀들을 살펴보았습니다. 이제 또 다른 차원에서 예수님과 우리 성도들의 사이는 가족관계, 형제 사이라고 하신 말씀을 살펴봅니다. 우리는 하나님을 아버지라고 함께 부를 수 있으니 가족인 것은 틀림이 없습니다. 친구관계, 신랑 신부 관계, 형제관계의 세 가지 관계는 동일하게 아주 친밀한 관계를 나타냅니다. 우리는 예수님과 아주 친밀함을 느끼고 더욱 가깝게 생활해야 합니다. 그 중에서 가족과의 관계, 형제 사이는 또 다른 형태의 친밀함입니다.

일찍이 예수님은 예수님을 찾아온 어머니와 동생들을 홀대하는 것과 같은 말씀을 하신 적이 있습니다. 예수님의 어머니 마리아와 동생들이 예수님 계신 곳으로 찾아왔는데 예수님은 진짜 어머니와 형제들은 하나님의 말씀 안에 있는 사람들이라고 하신 것입니다. 그러니까 우리 믿음의 사람들은 전부 하나님의 말씀 안에 있는 형제요

가족이라는 말씀입니다. 그리고 그 가족은 동시에 예수님의 가족이요 형제인 것입니다.

"어떤 이가 알리되 당신의 어머니와 동생들이 당신을 보려고 밖에 서 있나이다 예수께서 대답하여 이르시되 내 어머니와 내 동생들은 곧 하나님의 말씀을 듣고 행하는 이 사람들이라 하시니라"(눅 8:20~21)

물론 이 말씀은 정말 혈육의 가족을 모른 체하고 떠나라는 말씀은 아닙니다. 가족이란 혈육이므로 그렇게 마음대로 떠나거나 관계를 끊을 수 있는 것이 아닙니다. 예수님께서 우리를 예수님의 가족으로 표현하신 것은 예수님과 우리 모두가 혈연관계처럼 죽을 때까지 끊을 수 없다는 말씀이기도 한 것입니다. 나중에 예수님은 어머니 마리아를 요한에게 맡기셨습니다. 그리고 예수님을 믿지 않던 동생들도 나중에는 다 예수님의 제자가 되어 사명을 감당하게 됩니다. 말하자면 예수님의 혈연의 가족들을 전부 믿음의 가족들로 만드신 것이었습니다.

예수님처럼 우리도 육신의 가족을 믿음의 가족들로 만들어야 합니다. 물론 예수님은 육신의 가족들보다 하나님의 가족들에 더 비중을 두신 것은 분명합니다. 영생을 함께 하는 것이기 때문입니다. 예수님은 이 점을 강조하기 위해서 육신의 가족들이라도 떠날 수 있어야 하며 자기 목숨까지라도 미워할 수 있어야 예수님의 가족이 된다는 점을 분명하게 말씀하셨습니다.

> "무릇 내게 오는 자가 자기 부모와 처자와 형제와 자매와 및 자기 목숨까지 미워하지 아니하면 능히 나의 제자가 되지 못하고"(눅 14:26)

가족이란 어떤 존재들일까요? 부모님과 형제, 자매들이 가족 구성원입니다. 가족들은 대개 비슷한 성격과 재능을 가지고 있습니다. 예외적인 경우도 있겠지만 같은 방향을 바라보는 사람들입니다. 마찬가지로 하나님의 가족이라면 가족끼리는 서로 비슷한 면이 있어야 합니다. 같거나 비슷한 방향을 향하여야 합니다. 하나님의 가족들은 예수님의 말씀을 믿고 순종하는 사람들입니다. 같은 목적을 가지고 서로 분담하여 살아가는 사람들입니다. 하나님의 가족들은 하나님을 사랑하고 이웃을 사랑하기 위하여 살아가는 사람들입니다.

전 세계에 흩어져 있는 우리 하나님의 가족들은 모두가 같은 목적을 가지고 같은 방향을 보며 같은 원리를 따라 살아가고 있습니다. 그래서 모든 기독교 신자들은 모두가 한 형제라고 하는 것입니다. 성경에 보면 전혀 다른 나라에 있는 교회 성도들을 향하여 '형제'라고 호칭하는 것을 볼 수 있습니다.

> "유대에 있는 사도들과 형제들이 이방인들도 하나님 말씀을 받았다 함을 들었더니"(행 11:1)

가족이란 또한 하나의 공동체로서 어떤 경우에도 흩어지지 않는 한 몸과 같은 존재들입니다. 예수 그리스도의 피로 거듭나고 구원받아 함께 하나님의 나라를 이루어가야 하는 사람들입니다. 인위적으로 떼어놓을 수 없는 한 몸과 같은 존재가 가족인 것입니다. 예수님이 바로 우리에게 가족이고 형제이고 모든 기독교인들이 전부 가족들입니다. 그 가족들은 이 땅에서만 가족이 아닙니다. 오히려 저 영원한 천국에서 함께 영생해야 할 사람들인 것입니다.

오늘날 교회들 사이에서도 다툼이나 분열이나 반목이 있는 것은 참으로 안타까운 일이 아닐 수 없습니다. 가족이라고 해서 모두가 같을 수는 없습니다. 얼마든지 다른 생각과 삶을 살 수 있습니다. 그러나 기본적으로 하나님의 가족들로서 같은 신앙고백을 하고 같은 목적을 위해 살아가는 기독교인들이라면 서로를 인정하고 단점과 장점을 서로 보완하여 아름다운 교회 공동체를 이루어가려고 해야 할 것입니다.

11
교회란 어떤 곳일까요?

이제 당신은 예수님의 가족이 되어
가족들의 모임인 교회에 출석하게 되었습니다.
믿음이 무엇인가를 이해하고 나서
교회에 관하여 정확하게 알게 될 때
신앙생활을 더 잘 할 수 있습니다.
교회란 무엇인가를 살펴보려고 합니다.
밖에서 보고 생각하던 교회와
실제 교회의 모습은 다를 수 있습니다.
고치거나 바꾸어야 할 부분이 있습니다.
좀 더 하나님의 뜻에 가까운 교회에 대해
함께 살펴보겠습니다.

1) 교회는 죄인들이 모이는 곳입니다.

교회에는 죄인들이 모입니다. 물론 교회에는 기독교인들 곧 성도들이 모여서 함께 신앙생활을 합니다. 죄 사함 받아 하나님의 자녀 된 성도는 신분적으로는 의인임에 틀림이 없습니다. 하지만 육신을 입고 이 땅에서 사는 동안에는 죄인의 모습을 버릴 수가 없습니다. 하나님의 의에 비추어볼 때 떳떳한 사람이 어디에 있겠습니까? 여기에서 죄인이라는 말은 죄 씻음 받고 구원받은 백성을 말하지만 다른 말로 하면 죄인 의식을 가진 사람, 곧 하나님 앞에 자기의 연약함과 부족함과 죄 된 모습을 인정하고 겸손하게 자기를 낮추는 사람이라고 할 수 있습니다. 스스로 의롭다고 생각하는 사람은 오히려 더 죄인이기 쉽습니다. 그러나 아무튼 예수님을 믿지 않는 죄인들이 와서 변화되어 가는 곳이 교회인 것은 틀림없는 사실입니다.

"건강한 자에게는 의사가 쓸 데 없고 병든 자에게라야 쓸 데 있나니 내가 의인을 부르러 온 것이 아니요 죄인을 불러 회개시키러 왔노라"(눅 5:31~32)

사람들은 교회에 다니는 사람들은 전부 인격이 훌륭하고 거룩한 사람들이어야 한다고 생각합니다. 하지만 실제로 교회에 다니다 보면 삶이 그다지 아름답지 못하고 도덕적이지 못한 사람들도 눈에 띄게 됩니다. 그러나 교회는 죄인이지만 성도로 하나님의 '부르심을 받은' 사람들이 모이는 곳이며, 그 모임 자체를 교회라고 부르는 것입니다. 가정에서도 어린아이에서부터 할아버지까지 함께 가족을 구성하는 것과 마찬가지로 신앙이 성숙한 성도에서부터 이제 막 예수님을 믿어서 변화되지 못한 모습을 그대로 드러내기도 하는 것입니다.

"로마에서 하나님의 사랑하심을 받고 성도로 '부르심을 받은' 모든 자에게 하나님 우리 아버지와 주 예수 그리스도로부터 은혜와 평강이 있기를 원하노라"(롬 1:7)

더욱 중요한 것은 부르심(초청)을 받고 예수님을 그리스도로 영접한 사람들을 '택하심 받은 성도'라고 부른다는 것입니다. 물론 부르심과 택하심은 똑같이 성도를 가리키며 거의 동의어로 쓰이지만, 택함 받은 의식을 더욱 굳게 할 필요가 있는 것입니다. 우리가 의로워서가 아니라 예수님의 죄 씻으심을 믿는 그 자체가 바로 우리를 택하신 증거인 것입니다. 우리는 하나님의 택하심을 받은 존귀한 존재들이고 교회는 택하심 받은 사람들이 모이는 곳입니다.

> "그러므로 형제들아 더욱 힘써 너희 부르심과 택하심을 굳게 하라 너희가 이것을 행한즉 언제든지 실족하지 아니하리라"(벧후 1:10)

중요한 것은 '교회'의 원래 뜻이 '부르심 받은 사람들의 모임'이라는 것입니다. 부르심 받은 죄인들이 모여서 하나님의 나라를 이루어가는 것이 교회의 본질입니다. 그러므로 교회에서도 세상에서 일어나는 모든 일이 일어나고 있습니다. 그래서 더욱 서로 양보하고 이해하고 사랑해야 하는 것입니다.

> "마음을 같이하여 같은 사랑을 가지고 뜻을 합하며 한마음을 품어 아무 일에든지 다툼이나 허영으로 하지 말고 오직 겸손한 마음으로 각각 자기보다 남을 낫게 여기고 각각 자기 일을 돌볼뿐더러 또한 각각 다른 사람들의 일을 돌보아 나의 기쁨을 충만하게 하라"(빌 2:2~4)

2) 교회는 예수님의 몸입니다.

교회는 누가 언제 어디에서 시작했을까요? 교회는 베드로의 신앙고백 위에 예수님이 친히 세우셨습니다. 베드로의 신앙고백은 예수님이 하나님의 아들이시고 그리스도라는 것을 믿는 것입니다. 예수님은 바로 그 신앙고백 위에 교회를 세우셨습니다. 그러니까 교회란 예수님을 그리스도로 고백하는 사람들의 모임이라는 뜻입니다. 예수님의 부활 승천 이후에 신앙을 고백하는 제자들의 모임이 자연스럽게 교회가 되었던 것입니다.

> "시몬 베드로가 대답하여 이르되 주는 그리스도시요 살아 계신 하나님의 아들이시니이다 … 또 내가 네게 이르노니 너는 베드로라 내가 이 반석 위에 내 교회를 세우리니 음부의 권세가 이기지 못하리라"(마 16:16, 18)

예수님이 세우신 교회는 성도들이 주인공이지만 세상에 대하여 최종적인 영적 권위를 가지고 있습니다. 비록 사람의 모임이지만 성령님의 인도하심으로 말미암아 지상에서의 권위를 가지게 된 것입니다. 이 말씀은 교회 담임목사에게 전권을 준다는 말이 아닙니다. 물론 담임목회자가 주도하여 의논하고 결의를 할 것입니다. 그러나 어디까지나 성경 말씀의 기준과 성령님의 인도하심을 따라 모든 것을 결정해야 합니다. 교회는 예수님의 마음을 이 땅에서 실현하는 공동체입니다.

"만일 그들의 말도 듣지 않거든 교회에 말하고 교회의 말도 듣지 않거든 이방인과 세리와 같이 여기라"(마 18:17)

교회의 권위가 세워져야 한다는 말은 권위주의를 말하는 것이 아닙니다. 예수님께로부터 내려오는 영적 질서를 지키기 위해서는 권위가 필요하다는 말씀입니다. 그것은 예수님께서 지상교회의 머리가 되셨고 교회는 예수님의 몸이 된 것이기 때문입니다. 교회의 권위는 예수님께 있는 것입니다.

"또 만물을 그의 발 아래에 복종하게 하시고 그를 만물 위에 교회의 머리로 삼으셨느니라 교회는 그의 몸이니 만물 안에서 만물을 충만하게 하시는 이의 충만함이니라"(엡 1:22~23)

그리하여 교회는 예수님의 몸으로서의 역할을 감당하게 되었습니다. 교회와 성도는 온몸의 기관으로서의 역할을 감당하게 되고, 지체들이 기능에 맞게 자라감으로써 교회가 자라가는 것입니다. 교회가 자라간다는 것은 교인들의 숫자가 많이 늘어나는 것만을 뜻하는 것은 아닙니다. 물론 숫자가 늘어날 수는 있지만, 교회와 성도들의 역할과 신앙이 점차 성숙해져서 예수님의 마음과 뜻을 세상에 널리 보여주게 된다는 뜻입니다. 교회와 성도는 주님 오시는 날까지 계속 자라가야 합니다.

"오직 사랑 안에서 참된 것을 하여 범사에 그에게까지 자랄지라 그는 머리니 곧 그리스도라 그에게서 온 몸이 각 마디를 통하여 도움을 받음으로 연결되고 결합되어 각 지체의 분량대로 역사하여 그 몸을 자라게 하며 사랑 안에서 스스로 세우느니라"(엡 4:15~16)

그러므로 교회의 각 부서나 직분, 성도 한 사람 한 사람은 그리스도를 머리로 하는 각각의 지체로서의 위치에서 맡겨진 역할을 찾아 감당해야 하는 것입니다. 이제 처음 믿은 새신자라도 무엇인가 작은 부분을 맡아서 기능을 할 때 교회는 아름다워지고 성도 개인은 신앙이 성장하게 되는 것입니다. 이제 당신은 교회의 지체입니다.

3) 교회는 하나님의 소유입니다.

교회는 죄인들의 모임이며 머리 되시는 그리스도의 몸이라고 했습니다. 그러면 교회의 주인은 누구일까요? 교회의 주인은 목사도 아니고 성도들도 아니며 살아계신 하나님께서 주인이 되십니다. 마치 목회자나 일부 성도들이 주인인 것처럼 행세하는 경우가 있는데 이것은 아주 잘못된 것입니다. 교회에 만약에 무슨 문제가 생긴다면 최후의 순간에는 그 교회를 떠나는 것이 올바른 신앙입니다. 어느 누구의 교회가 아니고 하나님의 것이기 때문입니다. 교회는 하나님의 소유라는 생각을 버리면 안 됩니다.

> "만일 내가 지체하면 너로 하여금 하나님의 집에서 어떻게 행하여야 할지를 알게 하려 함이니 이 집은 살아 계신 하나님의 교회요 진리의 기둥과 터니라"(딤전 3:15)

물론 교회의 주인이 하나님이시라고 해서 성도들이 아무렇게나 해도 된다는 뜻은 아닙니다. 목회자이든 성도이든 주인의식을 가지고 교회를 이루어나가야 합니다. 하나님은 그런 사람을 찾으십니다. 교회의 주인은 아니지만 주인의식으로 교회를 사랑하고 돌보며 형제들을 위하여 하나님의 은혜를 나누어 주어야 합니다.

"주께서 이르시되 지혜 있고 진실한 청지기가 되어 주인에게 그 집 종들을 맡아 때를 따라 양식을 나누어 줄 자가 누구냐"(눅 12:42)

그러면 '하나님의 교회'란 무엇을 뜻하는 것일까요? 물론 이단 단체를 지칭하는 것은 결코 아닙니다. 하나님의 교회란 앞서 살펴본 교회의 뜻과 조금도 다르지 않습니다. 곧 성도들의 모임입니다. 하나님의 교회에서 여러 가지 문제가 일어나는 이유는 교회를 하나님의 소유라고 여기지 않고 자기들이 대신하는 것쯤으로 생각하기 때문입니다. 하나님의 교회에서는 하나님과 예수님으로부터 은혜와 평강이 넘쳐야 하는 것입니다. 그것은 교회가 하나님의 소유임을 인정하고 예수님의 사랑으로 서로를 사랑해야 한다는 뜻입니다.

"고린도에 있는 하나님의 교회 곧 그리스도 예수 안에서 거룩하여지고 성도라 부르심을 받은 자들과 또 각처에서 우리의 주 곧 그들과 우리의 주 되신 예수 그리스도의 이름을 부르는 모든 자들에게 하나님 우리 아버지와 주 예수 그리스도로부터 은혜와 평강이 있기를 원하노라"(고전 1:2~3)

사도 바울은 원래 유대교회를 하나님의 교회라고 생각하고 교회를 박해하던 사람이었습니다. 그러나 부활하신 예수님을 만나고 나서는 예수님께서 세우신 교회를 진정한 하나님의 소유라고 여기고 죽는 날까지 교회를 위하여 헌신했습니다.

"내가 이전에 유대교에 있을 때에 행한 일을 너희가 들었거니와 하나님의 교회를 심히 박해하여 멸하고"(갈 1:13)

오늘날 개교회들은 모두 하나님의 여러 교회들 중의 하나입니다. 작은 교회이든 큰 교회이든 모두 하나님의 소유된 교회의 지체들인 것입니다. 이런 하나 됨의 의식이 많이 부족합니다. 교단과 교파를 떠나서 지역에서 큰 교회는 작고 어려운 교회를 형제처럼 생각하고 서로 도울 수 있어야 하는 것입니다.

"그러므로 너희가 견디고 있는 모든 박해와 환난 중에서 너희 인내와 믿음으로 말미암아 하나님의 여러 교회에서 우리가 친

히 자랑하노라"(살후 1:4)

4) 교회는 천국으로 가는 관문입니다.

요즈음 교회에 관하여 오해하고 있는 것 중의 하나가 교회에 대한 개념입니다. 교회를 통하지 않고도 예수님을 믿을 수 있다는 것입니다. 물론 현실적으로 교회의 허물이 크게 보이기는 합니다만, 그럼에도 불구하고 하나님은 교회를 통해 일하신다는 사실을 알아야 합니다. 사람들의 상황이 너무나 다양하고 복잡하여 모든 사람들에게 일률적으로 적용할 수 있는 것은 아니지만, 교회를 벗어나는 것도 일시적인 것이지 완전히 떠나면 사실상 신앙을 유지하고 자라가기가 힘들어집니다. 교회에 대한 직접적인 언급은 아니지만, 예수님은 교회를 사랑하시고 교회를 위하여 예수님 자신을 주셨습니다.

"남편들아 아내 사랑하기를 그리스도께서 교회를 사랑하시고 그 교회를 위하여 자신을 주심 같이 하라"(엡 5:25)

교회가 부족하고 문제가 많은 것 같아도 하나님은 그 교회 속에서 부딪치면서 신앙과 인격이 성장해가기를 바라시는 것입니다. 신앙인들은 어디까지 성장해야 한다는 기준이 있는 것이 아닙니다. 우리는 예수님을 닮기까지 자라가야 합니다. 그것은 사실상 죽을 때까지 자라가야 한다는 말씀인 것입니다. 성도들과 마찬가지로 교회도 자라가야 합니다. 천국이 부분적이라도 교회를 통하여 보여야 하기 때문입니다.

> "머리를 붙들지 아니하는지라 온 몸이 머리로 말미암아 마디와 힘줄로 공급함을 받고 연합하여 하나님이 자라게 하시므로 자라느니라"(골 2:19)

교회를 떠나면 자기 신앙조차도 지키지 못하거나 비뚤어지게 성장하게 됩니다. 곧 정상적인 신앙인의 모습을 잃어버리게 되는 것입니다. 교회에 무조건 출석해야 한다는 말이 아니라 교회에 대한 바른 개념을 가지고 교회가 교회다워지도록 함께 나아가야 한다는 말입니다. 앞에서 살펴본 대로 주님의 몸 된 교회에서 떠나가면 포도나무 가지처럼 말라서 죽게 되고 결국 불에 타서 없어지게 된다는 말입니다.

> "사람이 내 안에 거하지 아니하면 가지처럼 밖에 버려져 마

르나니 사람들이 그것을 모아다가 불에 던져 사르느니라"(요 15:6)

교회가 천국의 관문이라고 하는 이유가 바로 여기에 있는 것입니다. 물론 예배드리는 행위 자체 때문에 천국에 가는 것은 아닙니다. 왜냐하면 진심으로 예수님을 생명의 주인으로 영접한 순간 거듭난 것이며 이미 구원 받아 천국에 가게 되었기 때문입니다. 이제 겨우 싹이 난 것과 같은 상태라서 계속 자라가야 하는 것입니다.

"갓난아기들 같이 순전하고 신령한 젖을 사모하라 이는 그로 말미암아 너희로 구원에 이르도록 자라게 하려 함이라"(벧전 2:2)

기독교 신앙의 중요한 목적이 천국에 가는 것이지만 그것 때문에 교회에 다니는 것은 아닙니다. 이미 천국 백성들이기 때문입니다. 교회에 꼭 다녀야 하는 이유는 자기 신앙을 지키고 성장해가야 하며 지체들과 함께 하나님의 일을 감당하고 교회를 이루어나가며 천국에 들어가는 그날까지 신앙인으로서의 삶을 살기 위해서입니다.

5) 교회는 성령님이 임재하시는 곳입니다.

우리의 믿음은 성령님의 일하심을 따라 이루어지는 것입니다. 우리가 예수님을 그리스도로 영접하는 순간부터 성령님은 각 성도들 안에 임하셔서 일하고 계십니다. 성령님께서 어떤 장소나 건물에 거하시는 것은 결코 아닙니다. 그럼에도 불구하고 교회가 성령님의 임재가 있는 곳이라고 하는 것은 교회가 바로 하나님의 부르심을 받은 사람들의 모임이기 때문입니다. 교회는 성령님께서 사람을 세우시고 그 사람들 내면에서 일하심으로써 이루어져 가는 것입니다. 그리하여 성도들을 통하여 그 교회를 보살피고 돌보도록 하시는 것입니다.

> "여러분은 자기를 위하여 또는 온 양 떼를 위하여 삼가라 성령이 그들 가운데 여러분을 감독자로 삼고 하나님이 자기 피로 사신 교회를 보살피게 하셨느니라"(행 20:28)

그래서 교회의 부서나 직분은 성령님께서 각 사람에게 부어주시는 은사를 따라 행하게 되어 있는 것입니다. 그러니까 교회에서 여러 가지 일들을 여러 사람들이 감당하고 있지만 그것은 결국 성령님의 임재 아래에서 행해

지고 있다는 것입니다. 어느 누구 하나 특출한 은사나 직분을 주시고 그 사람을 통하여 일하시는 것이 아닙니다. 물론 질서를 따라 운영되어야 하기 때문에 지도자를 주십니다. 그러나 그런 모든 것은 성령님의 흐름을 따라 이루어지도록 하시는 것입니다.

"어떤 사람에게는 성령으로 말미암아 지혜의 말씀을, 어떤 사람에게는 같은 성령을 따라 지식의 말씀을, 다른 사람에게는 같은 성령으로 믿음을, 어떤 사람에게는 한 성령으로 병 고치는 은사를, 어떤 사람에게는 능력 행함을, 어떤 사람에게는 예언함을, 어떤 사람에게는 영들 분별함을, 다른 사람에게는 각종 방언 말함을, 어떤 사람에게는 방언들 통역함을 주시나니"(고전 12:8~10)

성령님의 임재라고 하니까 신비하고 기적적인 영적 현상을 생각할 수도 있겠지만 그런 능력은 성령님께서 하시는 일 가운데 일부분일 뿐입니다. 그리고 모든 교회, 모든 성도들에게 똑같이 주시는 것도 아닙니다. 어느 교회에는 가르치는 일을, 다른 교회에는 치유의 일을, 또 다른 교회에는 봉사의 일을 통하여 성령님께서 일하고 계시는 것입니다. 성도의 기질과 은사를 통해서 적절하게 필요한 대로 쓰임을 받는 것입니다. 그러나 방향과 목적은 성령님의 인도하심을 따라 아름답게 흘러가야 하는 것입니다.

그렇다고 해서 사람이 권위를 가지려고 해서는 안 됩니다. 목사이든 장로이든 신앙적으로 더 성숙한 분들이므로 교회와 성도들을 위하여 희생하고 섬겨주고, 성도들은 이들이 다소 약점을 보이더라도 신앙적으로 존경하고 잘 따르는 그것이 성령님의 임재를 더욱 강하게 만들어드리는 것입니다. 예수님께서 자신을 희생하심으로써 교회를 세우신 것 같이 오히려 교회에서 먼저 된 성도는 어린 성도들을 돌보고 섬기고 희생하는 것입니다. 교회는 어디까지나 비움과 낮춤과 섬김의 공동체입니다. 이런 원리를 잊어버리기 때문에 여러 교회에서 문제가 발생하고 분란이 일어나는 것입니다.

"귀 있는 자는 성령이 교회들에게 하시는 말씀을 들을지어다"(계 2:29)

6) 교회는 치유가 있는 곳입니다.

모든 인생에게는 끊임없이 문제가 일어납니다. 잠시

편안한 것 같아도 언젠가 다시 불안과 염려의 상황이 닥칩니다. 물론 사람들이 깊이 인식하지 못해도 가장 큰 문제는 죄로 인한 문제입니다만, 직접적인 죄 문제는 아닐지라도 모든 문제의 근원은 죄입니다. 아무튼 인간들은 여러 종류의 크고 작은 문제들을 안고 살아갑니다. 예수님을 믿고 죄의 문제를 근본적으로 해결했다고 해도 지상의 삶에서는 여러 가지 문제를 만나게 되어있습니다. 그 문제의 성격은 다를 수 있지만 문제 앞에 놓여있는 상황은 비슷합니다. 그래서 우리는 하나님을 더욱 의지하게 되는 것입니다.

예수님께서 지상에서 하신 일들은 주로 사람들의 문제를 해결해주시는 일이었습니다. 그 가운데 가장 핵심적인 일이 사람들을 치유하시는 일이었습니다. 예수님께 오기만 하면 다 나았습니다. 문제를 통하여 하나님을 만나게 하시려는 것이었습니다. 왜냐하면 스스로 해결할 수 없는 문제들을 예수님께서 치유해주시면 그런 기적적인 일들을 통하여 하나님의 사랑과 능력을 깨닫게 되기 때문입니다.

"그의 소문이 온 수리아에 퍼진지라 사람들이 모든 앓는 자 곧 각종 병에 걸려서 고통 당하는 자, 귀신 들린 자, 간질하는 자,

중풍병자들을 데려오니 그들을 고치시더라"(마 4:24)

예수님은 그런 은사와 능력을 제자들에게도 다 허락하셨습니다. 아직 성령 강림 이전이었지만 예수님의 능력으로 제자들에게 그런 권능을 주셨습니다. 제자들도 예수님처럼 귀신을 쫓아내고 질병을 고치면서 전도하러 다녔습니다.

"예수께서 그의 열두 제자를 부르사 더러운 귀신을 쫓아내며 모든 병과 모든 약한 것을 고치는 권능을 주시니라"(마 10:1)

예수님 당시뿐만 아니라 초대교회 때에도 이러한 질병의 치유가 교회를 통하여 아주 왕성하게 일어났습니다. 이것이 복음전파에 큰 힘이 되었고 예루살렘교회는 크게 부흥되었습니다.

"예루살렘 부근의 수많은 사람들도 모여 병든 사람과 더러운 귀신에게 괴로움 받는 사람을 데리고 와서 다 나음을 얻으니라"(행 5:16)

오늘날에도 교회를 통하여 치유가 많이 일어나고 있습

니다. 물론 현대 교회에서는 치유의 기적이 흔하게 일어나지는 않습니다만, 그 이유 중의 하나는 현대인들의 의식의 변화 때문이라고 할 수 있습니다. 왜냐하면 제3세계 등의 선교현장에서는 치유가 훨씬 다양하고 자주 일어나기 때문입니다. 이미 복음이 들어와 기독교가 본격적으로 세워진 곳보다는 이제 막 복음이 들어가기 시작하는 곳에서 더욱 활발하게 기적이 일어납니다.

그런데 이런 육체적 치유는 무엇 때문에 허락하시는 것입니까? 사람들로 하여금 전능하신 하나님을 만나도록 하는 데에 그 목적이 있습니다. 육체적이거나 정신적인 치유를 통하여 영적 치유가 일어나게 하는 것이 주목적입니다. 그러므로 치유의 기적을 보았으면 하나님을 만난 것이므로 신앙생활을 더욱 열심히 하면 되는 것입니다. 신비한 현상이라고 해서 그런 현장만 쫓아다니면 결코 신앙이 자랄 수가 없습니다. 치유뿐만 아니라 각종 기도응답도 이런 현상에 속합니다. 어려운 문제를 해결해 주시는 것도 똑같은 목적으로 주시는 것입니다.

치유와 문제해결은 하나님께서 살아계신다는 증거들 중의 하나입니다. 그러나 가장 큰 치유는 바로 당신이 예수님을 믿었다는 것입니다. 사람은 성령님의 능력이 아니고서는 예수님을 믿을 수가 없는데 수많은 사람들 중에 기적적으로 예수님을 영접하지 않았습니까? 가장 큰 영적 치유의 주인공이 바로 당신인 것입니다.

12
교회에서는 어떤 일을 할까요?

교회란 어떤 곳인가를 살펴보았습니다.
이제 교회에서 하는 일들을 알아야 합니다.
일반적인 사회의 상식과는 좀 다릅니다.
교회에도 교회의 독특한 문화가 있고
일을 진행해 나가는 방식이 있습니다.
교회 일들의 종류와 의미를 알아야
신앙이 정체되지 않을 뿐만 아니라
꾸준히 지속적으로 자랄 수 있습니다.
은사를 따라 교회 일에 동참함으로써
당신과 교회가 자라갈 것입니다.

1) 모여서 예배를 드립니다.

교회에서 전도할 때 무조건 교회 예배에 출석시키는 것을 목표로 하는 것 같이 보일 때가 있습니다. 믿고 안 믿고는 둘째로 하고 우선적으로 예배출석을 강조하고 꼭 예배에 나올 것을 부탁합니다. 그리고 전도 열매는 예배 출석을 기준으로 이야기합니다. 몇 명 예배에 출석시켰다고 말하지 않고 몇 명 전도했다고 말합니다. 교회에서는 왜 그렇게 예배에 모든 것을 거는 것처럼 보일까요? 예배는 집에서 개인적으로도 드릴 수 있습니다. 그러나 교회에서 다함께 모여서 드리는 예배는 공동체 예배로서, 말하자면 하나님과 공식적으로 만나는 시간인 것입니다. 왜냐하면 교회는 부르심 받은 사람들의 모임이니까요.

예수님 오시기 전의 구약 시대에도 제사라는 형태로 공식적인 하나님 만남을 가져왔습니다. 과거에 하나님과 교통하는 방법은 짐승을 잡아 희생시키는 제사였습니다. 제사는 순전히 죄 문제를 씻어내기 위한 예식이었습니다. 죄 사함을 받아야 하나님과의 교제가 가능했으니까요. 예수님 오신 이후에도 여전히 하나님과의 교통에는 죄 문제가 개입되어 있습니다. 그러나 예수님께서 십자가상에서 희생제물이 되어 스스로 완전한 제사를 드리심으로써 우리의 죄가 씻어졌고 그래서 더 이상 제사를 드릴 필요가 없어졌습니다. 예수님께서 스스로 대제사장이 되시고 제물이 되셔서 인간의 모든 죄를 단번에 씻어내게 되었던 것입니다. 그래서 이제는 제사가 아니라 예배라는 형태로 하나님과 교통하게 된 것입니다.

> "제사장마다 매일 서서 섬기며 자주 같은 제사를 드리되 이 제사는 언제나 죄를 없게 하지 못하거니와 오직 그리스도는 죄를 위하여 한 영원한 제사를 드리시고 하나님 우편에 앉으사"(히 10:11~12)

이제는 그렇게 눈에 보이는 희생제사가 아니라 영과 진리로 드리는 예배가 되었습니다. 왜 제사가 필요 없어졌는가 하면 하나님과 우리 사이를 완전히 가로막고 있던 죄의 담이 사라졌기 때문입니다. 그래서 짐승을 잡아 드리는 눈에 보이는 제사는 더 이상 지낼 필요가 없어진 것입니다. 막혀있던 죄가 사라졌으므로 우리는 진정한 마음으로 영적인 제사 곧 예배를 드리게 되었던 것입니다.

> "아버지께 참되게 예배하는 자들은 영과 진리로 예배할 때가

오나니 곧 이 때라 아버지께서는 자기에게 이렇게 예배하는 자들을 찾으시느니라 하나님은 영이시니 예배하는 자가 영과 진리로 예배할지니라"(요 4:23~24)

그리하여 교회는 하나님께 시간을 정해놓고 예배를 드리게 되었습니다. 일반적으로 주일(일요일)과 수요일, 금요일 등에 예배 또는 기도회로 모이게 되었습니다. 예배의 일정한 형식이 있어서 그 순서를 따라 예배를 드립니다만, 영과 진리로 예배를 드리는 만큼 제사처럼 눈에 확실하게 보이는 부분이 없다 보니까 어떤 면에서는 하나님께 영광을 돌려드리는 일에 부족한 부분도 있게 마련입니다. 그래서 예배를 드릴 때에는 마치 자신이 몸으로 제사를 드리는 것과 같은 마음가짐을 갖추는 것이 중요하게 되었습니다. 예배의 자리에 자신을 낮추고 잘못을 고하면서 겸손하게 참여해야 합니다.

"그러므로 형제들아 내가 하나님의 모든 자비하심으로 너희를 권하노니 너희 몸을 하나님이 기뻐하시는 거룩한 산 제물로 드리라 이는 너희가 드릴 영적 예배니라"(롬 12:1)

또한 예배라는 예식뿐만 아니라 실생활에서도 어려운

사람들을 돕고 하나님의 뜻을 행하는 일이 또 하나의 예배라는 사실을 기억해야 하겠습니다. 만약에 하나님께만 예배를 드리고 생활 속에서 이웃을 돌보지 않거나 차별한다면 하나님께 드린 예배는 진정성을 잃어버리게 되는 것입니다. 하나님을 믿는다면 이웃을 당연히 사랑해야 하는 것이고 이웃사랑은 예배의 실천에 해당되는 것입니다. 그러니까 우리는 보통 하나님을 경배하는 것만을 예배라고 생각하지만 하나님은 예배의 나머지 부분인 이웃사랑을 명하시는 것입니다.

"오직 선을 행함과 서로 나누어주기를 잊지 말라 하나님은 이 같은 제사를 기뻐하시느니라"(히 13:16)

2) 다함께 기도드립니다.

성도의 신앙생활 중 굉장히 중요한 부분이 기도입니다. 기도는 하나님과의 직접적인 교제에 해당되는 것이기 때문입니다. 마찬가지로 교회에서도 기도가 굉장히 중요합니다. 하나님은 그 뜻을 교회를 통하여 이루어가고 계시기 때문입니다. 하나님의 가장 큰 뜻은 인간구원이며 또 세상의 구원입니다. 사람을 구원하시기 위해 교회를 세우셨다는 말입니다. 그러므로 성도들은 교회에 모여서 세상 사람들을 구원하는 일을 위해 다함께 기도해야 합니다. 교회에서의 기도는 여러 가지 형태와 방식으로 드려집니다. 교회는 원래 기도하러 모이는 곳이었습니다.

> "그들에게 이르시되 기록된 바 내 집은 기도하는 집이라 일컬음을 받으리라 하였거늘 너희는 강도의 소굴을 만드는도다 하시니라"(마 21:13)

교회는 여러 가지 목적으로 기도를 합니다. 누군가 어려운 일을 당했을 때 함께 기도합니다. 더구나 복음을 전하거나 하나님의 일을 하다가 어려움을 만나면 성도들은 다함께 교회에 모여서 하나님께서 풀어주시기를 위해 합심기도를 합니다. 때로는 교대로 돌아가면서 교회에 와서 기도를 함으로써 24시간 기도의 불이 꺼지지 않게 기도하기도 합니다.

> "이에 베드로는 옥에 갇혔고 교회는 그를 위하여 간절히 하나님께 기도하더라"(행 12:5)

환자가 생겼을 때에도 모여서 기도합니다. 성도들의

기도가 모여서 마음이 합해질 때 하나님은 더 빨리 응답해주십니다. 아픈 사람이 있을 때뿐만 아니라 교회공동체가 행하는 사역을 위해서도 기도를 해야 합니다. 목회자나 선교사 등을 위해서도 기도하지만 성도들끼리 서로의 문제를 위해서 기도에 힘을 보태기도 합니다.

> "그러므로 너희 죄를 서로 고백하며 병이 낫기를 위하여 서로 기도하라 의인의 간구는 역사하는 힘이 큼이니라"(약 5:16)

구원의 크신 역사가 일어나기를 위해 기도합니다. 모든 성도들이 이웃의 영혼을 위해 열심히 전도해야 하지만 그 이웃들을 위한 기도는 필수적입니다. 하나님의 섭리가 어떤 사람을 향하는지 우리는 알 수 없기 때문에 우리와 만나는 모든 사람의 구원을 위해서 기도해야 하는 것입니다. 그렇게 공동체적으로 기도함으로써 성도의 마음은 더 뜨거워지고 교회와 형제를 사랑하는 마음이 더욱 더 커지는 것입니다.

> "그들이 사도의 가르침을 받아 서로 교제하고 떡을 떼며 오로지 기도하기를 힘쓰니라"(행 2:42)

이런 갖가지 기도를 위해 교회에 모이게 되는데 어떤 태도가 중요할까요? 예수님께서 예를 드셨습니다. 성전에서 기도할 때 바리새인은 자신을 내세우면서 기도하고 세리(죄인)는 감히 하늘을 쳐다보지도 못하고 다만 가슴을 치며 자기가 죄인임을 고백하는 기도를 드립니다(눅 18:11~13). 예수님께서는 하나님께서 누구의 기도를 더 기뻐하시는지를 말씀하십니다.

"저 바리새인이 아니고 이 사람(세리)이 의롭다 하심을 받고 그의 집으로 내려갔느니라"(눅 18:14)

교회에서 기도할 때 먼저 자기 허물을 내려놓고 진실한 마음으로 기도할 제목을 구해야 합니다. 그리고 일상의 기도보다 먼저 교회와 국가와 구원의 역사와 이웃을 위해 기도해야 합니다.

"그런즉 너희는 먼저 그의 나라와 그의 의를 구하라 그리하면 이 모든 것을 너희에게 더하시리라"(마 6:33)

3) 성경을 가르치고 배웁니다.

우리가 알다시피 기독교의 핵심은 복음 곧 말씀입니다. 보이지 않으시는 하나님을 말씀 속에서 발견하고 그 말씀을 생명으로 알고 그 말씀 속에 담겨 있는 예수님의 마음으로 이 세상을 사는 것입니다. 그런 공통적인 신앙고백으로 함께 모여서 하나님의 뜻을 이루어 나가는 것이 기독교입니다. 그렇기 때문에 교회에서 행해지는 핵심적인 일 중의 하나가 말씀을 가르치고 배우는 것입니다. 말씀이란 곧 하나님이시기 때문입니다.

> "태초에 말씀이 계시니라 이 말씀이 하나님과 함께 계셨으니 이 말씀은 곧 하나님이시니라"(요 1:1)

그래서 교회가 세워지면 곧바로 말씀을 가르치는 일을 중점적으로 행했던 것입니다. 좋은 교회는 말씀을 많이 가르치는 교회입니다. 말씀이 모든 삶의 근거와 기준이 되도록 가르치는 것이 교회의 책무입니다. 기본적으로 예배를 드릴 때에 설교를 통하여 하나님의 말씀을 듣습니다만, 말씀집회이든 성경공부이든 제자훈련이든 어떤 형태로이든 말씀을 많이 배울 수 있도록 해야 합니다. 바나바와 사울(바울)이 안디옥교회에서 말씀을 집중적으로 가르쳤을 때 성도들은 비로소 '그리스도인'이라는 호칭을 최초로 받게 되었습니다. 우리는 모두 그리스도인들입니다.

"안디옥에 데리고 와서 둘이 교회에 일 년간 모여 있어 큰 무리를 가르쳤고 제자들이 안디옥에서 비로소 그리스도인이라 일컬음을 받게 되었더라"(행 11:26)

이 말씀은 교회 안에서뿐만 아니라 생활 가운데에서 이웃들에게 전파해야 하는 것이었습니다. 마치 항아리에 물을 부어서 가득 채워지면 바깥으로 넘치는 것과 같이 교회 안에서 하나님의 말씀으로 성도들에게 가득 채워지면 그 말씀은 이제 세상으로 전파되어야 하는 것입니다. 전도란 이웃들을 교회에 초청하는 것이기도 하지만 기본적으로는 말씀을 전파하는 것입니다. 교회에 초청하도록 권면할 것이 아니라 말씀을 전파할 수 있도록 훈련해야 하는 것입니다.

"너는 말씀을 전파하라 때를 얻든지 못 얻든지 항상 힘쓰라 범사에 오래 참음과 가르침으로 경책하며 경계하며 권하라"(딤후 4:2)

그래서 교회에서 말씀을 가르치는 사람들을 존중하라고 가르쳤던 것입니다. 이것은 말씀을 가르치는 사람에게 큰 권한을 주어 그 사람의 뜻대로 움직이게 하라는 것이 아닙니다. 말씀을 전할 때 서로가 신뢰하면서 받아들일 수 있도록 해야 한다는 것입니다. 말씀을 전하면서 그 말씀과 배치되는 삶을 산다면 어떻게 그 말씀을 받아들일 수 있겠습니까? 초점은 모든 교회생활의 중심이 말씀이 되어야 한다는 것입니다.

"잘 다스리는 장로들은 배나 존경할 자로 알되 말씀과 가르침에 수고하는 이들에게는 더욱 그리할 것이니라"(딤전 5:17)

이토록 말씀을 중요시하는 이유는 말씀에 순종하게 하기 위해서입니다. 순종하지 못하면 넘어집니다. 말씀은 지식으로 간직하라고 주시는 것이 아니라 순종하라고 주시는 것입니다. 곧 말씀대로 살라고 주신다는 말입니다. 말씀대로 살아야 교회가 교회다워지는 것입니다.

"또한 부딪치는 돌과 걸려 넘어지게 하는 바위가 되었다 하였느니라 그들이 말씀을 순종하지 아니하므로 넘어지나니 이는 그들을 이렇게 정하신 것이라"(벧전 2:8)

하지만 말씀을 주시는 가장 중요한 목적은 성도가 변화되어 성장하는 것입니다. 교회와 성도는 예수님 재림 때까지 변화되고 자라가야 하는 것입니다. 변화가 지속되지 않으면 교회는 정체될 수밖에 없습니다.

> "오직 우리 주 곧 구주 예수 그리스도의 은혜와 그를 아는 지식에서 자라 가라 영광이 이제와 영원한 날까지 그에게 있을지어다"(벧후 3:18)

4) 형제와 이웃을 사랑합니다.

모든 것을 종합할 때 교회가 행하는 근본적인 목적은 사랑하기 위해서입니다. 왜냐하면 교회는 하나님의 사랑의 통로이기 때문입니다. 하나님은 하나님의 사랑을 예수 그리스도의 희생을 통하여 성도들에게 주셨고, 성도들은 교회에 모여서 그 사랑을 나누는 것입니다. 만약에 성도들과 교회에서 이 사랑이 사라진다면 그것은 더 이상 성도도 아니고 교회도 아닌 것이 되어버립니다. 말씀을 많이 배운다고 하면서 형제와 이웃을 사랑하는 모습이 보이지 않는다면 그러면 말씀을 왜 배우겠습니까? 밖에서 볼 때에 부족한 부분이 있을 수 있지만 교회는 기본적으로 하나님의 사랑을 전달하는 데에 집중해야 합니다.

교회는 진정한 사랑의 교제를 나누고 있습니다. 먼저는 믿음의 형제들끼리 서로 사랑해야 합니다. 가장 먼저는 마음을 다하고 목숨을 다하고 뜻을 다하고 힘을 다하여 하나님을 사랑하는 것입니다. 그런 사랑으로 교회 안의 형제들을 사랑하고 그 사랑으로 이웃들을 사랑합니다. 그래서 예수님도 목숨을 다하여 하나님을 사랑하는 것과 똑같이 이웃을 사랑해야 한다는 서기관의 말을 인정하신 것입니다. 이것을 지향하는 것이 교회입니다.

> "또 마음을 다하고 지혜를 다하고 힘을 다하여 하나님을 사랑하는 것과 또 이웃을 자기 자신과 같이 사랑하는 것이 전체로 드리는 모든 번제물과 기타 제물보다 나으니이다"(막 12:33)

그러면 교회에서 어떻게 형제를 사랑하겠습니까? 교회에서는 우선적으로 함께 자주 모여 예배하고 기도하며 사랑의 교제를 나누게 됩니다. 교회 안에서 형제들을 사랑하는 것은 삶을 나누는 것입니다. 서로의 형편을 이해하고 약점을 참고 보완해주며 장점을 살려주는 것입니다. 중요한 것은 서로의 마음이 하나 되도록 하는 것입니다. 교회의 중요한 지향점을 이해한다면 교회는 아름다운 천국의 모습을 보여줄 수 있을 것입니다.

> "날마다 마음을 같이하여 성전에 모이기를 힘쓰고 집에서 떡을 떼며 기쁨과 순전한 마음으로 음식을 먹고 하나님을 찬미하며"(행 2:46~47)

하지만 겉으로 드러나는 사랑의 행위보다 더 중요한 것은 자신을 희생하는 진정한 사랑입니다. 사랑은 실제로 나타내 보여야 사랑입니다. 이렇게 되기까지 많이 성장해야 하지만 꼭지점을 지향한다는 것이 중요합니다. 아무리 예배에 철저하고 헌금을 많이 하고 기도에 온 힘을 쏟는다 해도 사랑이 빠지면 하나님께서 결코 인정하지 않으신다는 것입니다. 그래서 교회에서는 무슨 일이든지 사랑으로 해야 하는 것입니다.

> "내가 내게 있는 모든 것으로 구제하고 또 내 몸을 불사르게 내줄지라도 사랑이 없으면 내게 아무 유익이 없느니라"(고전 13:3)

> "너희 모든 일을 사랑으로 행하라"(고전 16:14)

교회에서 형제를 사랑하면 예배와 기도에 힘쓰는 것보다 하나님 앞에 거리낌이 없게 됩니다. 왜냐하면 형제사랑이 생명의 길이기 때문입니다. 사랑은 억지로 되는 것은 아니지만, 말씀으로 무장하고 기도에 힘쓰다가 보면 성령님의 능력으로 인하여 예수님의 사랑이 채워지고 형제를 사랑할 수 있게 되는 것입니다.

"그의 형제를 사랑하는 자는 빛 가운데 거하여 자기 속에 거리낌이 없으나"(요일 2:10)

"우리는 형제를 사랑함으로 사망에서 옮겨 생명으로 들어간 줄을 알거니와 사랑하지 아니하는 자는 사망에 머물러 있느니라"(요일 3:14)

우리가 형제를 사랑할 때 그리스도의 사랑도 우리에게서 끊어질 수 없게 되는 것입니다. 하나님을 사랑하는 것은 형제를 사랑할 때 증명될 수 있습니다. 그리스도의 사랑은 우리가 예수님을 신뢰하고 의지하는 한, 그리고 그 사랑으로 형제를 사랑하는 한 결코 끊어질 수 없고 줄어들 수도 없고 사라질 수도 없는 것입니다.

"누가 우리를 그리스도의 사랑에서 끊으리요 환난이나 곤고나 박해나 기근이나 적신이나 위험이나 칼이랴"(롬 8:35)

5) 섬기는 일을 합니다.

형제와 이웃사랑의 표면적인 모습이 섬김으로 나타납니다. 형식으로나 사람에게 보이려는 섬김은 진정한 섬김이 아닙니다. 오직 하나님께서 인정하시는 사랑의 섬김을 행하는 곳이 교회입니다. 많은 경우에 자기의 섬김을 자랑하거나 사람에게 보이거나 인정받으려는 욕심이 생깁니다만, 우리가 누군가를 사랑하고 섬길 때 가장 중요한 점은 하나님 앞에서 섬기는 것이어야 한다는 점입니다. 사람들이 모르거나 인정하지 않더라도 하나님께서 인정하시는 것을 원하는 것이 진정한 사랑과 섬김입니다. 사람에게 알려지는 것은 하나님의 일입니다. 하나님께서 우리의 사랑과 섬김을 통하여 영광을 받으셔야 합니다.

"너는 구제할 때에 오른손이 하는 것을 왼손이 모르게 하여 네 구제함을 은밀하게 하라 은밀한 중에 보시는 너의 아버지께서 갚으시리라"(마 6:3~4)

섬김의 기초는 그리스도의 섬김입니다. 그래서 주를 위해서라면 목숨까지라도 각오할 수 있는 사랑이 예수님의 섬김의 본이 되는 것입니다. 하나님이신 예수님은 이 세상에 섬김을 받으려고 오신 것이 아니었습니다. 오히려 자기 목숨을 사람들의 죄의 대속물(제물)로 주시기 위해서 오셨습니다. 이것이 아니면 복음도 기독교도 성립될 수 없습니다. 우리의 섬김은 바로 예수님의 섬김을 따라가는 것입니다.

"인자가 온 것은 섬김을 받으려 함이 아니라 도리어 섬기려 하고 자기 목숨을 많은 사람의 대속물로 주려 함이니라"(막 10:45)

앞에서도 살펴보았듯이 우선적으로 교회에서 형제들을 섬겨야 합니다. 형제를 섬기면서 많은 것을 느끼고 배우게 됩니다. 섬김의 원리를 교회 안의 형제 섬김에서 배우지 못하면 믿지 않는 이웃을 제대로 섬길 수 없습니다. 나눔이나 섬김은 '베푸는' 것이 아닙니다. 하나님의 것을 예수님의 이름으로 나누고 섬기는 것입니다. 먼저 섬기는 사람이 천국에서는 큰 사람입니다.

"예수께서 앉으사 열두 제자를 불러서 이르시되 누구든지 첫째가 되고자 하면 뭇 사람의 끝이 되며 뭇 사람을 섬기는 자가 되어야 하리라 하시고"(막 9:35)

그리고 예수님의 사랑으로 나그네를 섬겨야 하며 고아와 과부 등 소외된 사람들을 섬기는 것입니다. 그것이 하나님 앞에 인정받을 수 있는 경건한 태도입니다. 교회 안에서 거룩하게 예배드리고 기도하는 것이 경건이 아니라 이웃의 어려움 만난 사람들을 최선을 다해 돕는 것이 참된 경건입니다. 하나님은 그것을 더욱 기뻐하십니다.

"하나님 아버지 앞에서 정결하고 더러움이 없는 경건은 곧 고아와 과부를 그 환난 중에 돌보고 또 자기를 지켜 세속에 물들지 아니하는 그것이니라"(약 1:27)

이러한 모든 섬김은 마치 그리스도를 섬기는 것처럼 해야 합니다. 진실한 사랑이 빠진 섬김은 어떤 열매도 거둘 수 없기 때문입니다. 그리스도의 사랑으로 채워지고 성령님의 전적인 인도를 받게 되면 우리 삶의 전체 부분에서 마치 예수님을 섬기는 것처럼 그렇게 섬길 수 있습니다. 억지로 명령 때문이나 규칙 때문이 아니라 예수님의 마음이 되어서 자연스럽게 섬길 수 있게 됩니다. 그렇게 되려면 신앙이 많이 성장해야 하고 변화되어야 합니다. 그것이 예수님의 제자들의 모습인 것입니다. 교회의 성도들은 전부 예수님의 제자들이 되도록 훈련되어야 하는 것입니다.

> "기쁜 마음으로 섬기기를 주께 하듯 하고 사람들에게 하듯 하지 말라"(엡 6:7)

이렇게 사람들을 섬기는 목적은 그 섬김을 통하여 하나님께 영광을 돌리기 위해서입니다. 또한 그리스도의 복음을 널리 전파하기 위해서입니다. 만약에 예수님을 믿고 하나님을 사랑하고 교회생활에 열심히 참여하는데 삶 속에서 하나님의 사랑을 조금도 드러내지 못한다면 사람들은 어떻게 생각하겠습니까? 하나님을 통해서 성도들을 보는 것이 아니라 성도들을 통해서 하나님을 찾는 것이 일반적인 모습일 것입니다. 우리가 이웃을 사랑하고 섬기는 것은 빛이신 하나님의 반사체로서 기능을 하는 것입니다. 성도는 하나님의 사랑을 사람들에게 보여주는 거울인 것입니다.

"이같이 너희 빛이 사람 앞에 비치게 하여 그들로 너희 착한 행실을 보고 하늘에 계신 너희 아버지께 영광을 돌리게 하라"(마 5:16)

Epilogue
맺는 말

예수님은 사랑이십니다. 그런데 이 말을 제대로 이해하지 못하는 것이 현실입니다. 예수님을 구원자로 믿고 거듭나서 교회에 다니고 있는 성도들도 이 말을 실체적으로 느끼고 그대로 삶에 적용하는 사람들은 그리 많지 않을 것입니다. 왜냐하면 예수님의 사랑은 무조건 좋고 많고 넘치고 높은 것이 아니기 때문입니다. 물론 예수님의 사랑이 좋고 많고 넘치고 높은 것은 분명합니다. 그러나 그 기준은 이 세상에서만 국한되는 것이 아닙니다. 영원한 세상을 기준으로 보았을 때 어느 것이 가장 최상인가에 대해서는 하나님의 기준이 따로 있습니다. 하나님은 그 기준에 따라 우리에게 복을 주시는 것입니다. 따라서 사람이 보기에 모자라거나 어렵거나 오히려 고난이 올 때도 있습니다.

그럼에도 불구하고 하나님은 반드시 우리에게 가장 좋은 것을 주시는 분이십니다. 이것을 믿는 믿음이 있어야 그리스도인으로서 세상을 승리하면서 살 수 있습니다. 이 책은 예수님으로 인하여 사람에게 넘치게 부어주시는 복을 구체적으로 설명하려고 노력했습니다. 그리고 실제로 교회생활을 시작했을 때 직접 만날 수 있는 일들을 잘 이해할 수 있도록 집필했습니다. 무조건 좋은 점들만을 부풀려서 이야기하지도 않았고 그렇다고 혹시 모를 부정적인 일들을 과장하지도 않았습니다. 있는 사실 그대로 전하되 예수님의 은혜를 분명하게 깨달을 수 있도록 애를 썼습니다. 예수님을 영접하고 거듭나게 하는 일은 성령님의 역사이지만 더 정확하고 세밀한 하나님과의 관계를 배울 수 있도록 했습니다.

바른 구원관, 바른 교회관을 세우는 일은 굉장히 중요합니다. 왜냐하면 처음에 습득하게 된 구원과 교회에 대한 의식이 일평생을 좌우하는 일이 많기 때문입니다. 그릇된 의식으로 말미암아 예수님의 제자로서의 삶이 모자라거나 비뚤어지게 되고, 잘못된 교회관으로 말미암아 교회에 부정적이거나 문제를 일으키기 쉽습니다. 이제 처음 믿기 시작했거나 믿음생활을 했더라도 소극적으로 교회에 다니기만 했던 성도들은 이 책을 통하여 기본기를 익힐 수 있었으리라고 생각합니다.

직접적으로 표현하지는 않았지만 기독교 신앙은 전부 관계의 문제라고 할 수 있는데, 하나님과의 관계, 예수님과의 관계, 형제들이나 이웃들과의 관계입니다. 관계를 생각하지 않고 의무나 책임이나 또는 일이나 목표나 비전에 초점을 맞춘다면 어쩌면 하나님과는 아무런 상관도 없이 자기 혼자서 잘 믿는다고 생각하는 결과만 나타낼 뿐입니다. 성경에도 주의 이름으로 가르치고 고치고 귀신을 쫓아냈다는 사람들에 대해서 예수님은 내가 너희를 도무지 모른다고 하신 적이 있습니다(마 7:22~23). 일의 목표나 크기나 결과도 중요하지만 그 이전에 관계가 훨씬 더 중요하다는 말입니다. 관계가 바로 세워졌을 때 과정이 아름다운 신앙인이 되는 것입니다.

12주 동안 이 책으로 핵심복음 제자훈련을 받은 분들이라면 기독교와 복음의 기본적인 토대를 놓았으리라 생각합니다. 마음을 열고 진실하게 받아들였다면 하나님은 그 믿음을 보시고 참된 그리스도인으로서 성장하게 만드실 것입니다. 바른 교회를 택하여 믿음생활에 힘쓰다가 보면 여러 가지로 하나님을 체험할 수 있을 것이고, 살아있는 믿음으로 자라갈 것입니다. 이제는 하나님의 말씀을 생명으로 알고 말씀 중심의 신앙생활을 하기를 권면

합니다. 물론 말씀만으로 다 되는 것은 아니지만 가장 기본적이고 핵심적인 요소가 성경말씀이라는 것입니다. 말씀 속에서 예수님의 마음, 하나님의 뜻을 배우고 발견하고 순종하도록 하시기 바랍니다.

끝으로 신앙생활을 하다가 보면 여러 가지 궁금한 점이나 의혹과 같은 부분이 있을 것인데 이것을 변증적으로 설명함으로써 더욱 확신에 거하게 만드는 부분이 필요해지는데, 그것을 위해서 복음소책자 2권『기독교에 대해 궁금해요』(개정판)와 3권『교회는 왜? 성경은 왜?』가 준비되어 있습니다. 되도록 그 책들을 읽으시거나 핵심복음 제자훈련을 지속적으로 받아보시기를 바랍니다. 확신해야 하는 점을 강조하는 것보다는 의혹을 해소해주는 것이 더욱 확신하게 만들어줄 수 있습니다.

예수 그리스도와 그 복음을 따라 살아가는 복된 인생에 사랑과 은혜와 행복과 형통의 모든 복이 하나님께로부터 넘치게 임하시기를 바랍니다.